INHALT

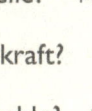

Inhalt

ROLF-HERBERT PETERS (HG.)

ÖKO-BILANZ

77 DINGE DES ALLTAGS IM NACHHALTIG-KEITSCHECK

Mit Beiträgen von
Alexandra Kraft, Andreas Hoffmann,
Rolf-Herbert Peters, Marc Winkelmann

PENGUIN VERLAG

Der Verlag behält sich die Verwertung des urheberrechtlich geschützten Inhalts dieses Werkes für Zwecke des Text- und Data-Minings nach § 44 b UrhG ausdrücklich vor. Jegliche unbefugte Nutzung ist hiermit ausgeschlossen.

Penguin Random House Verlagsgruppe FSC® N001967

1. Auflage 2024
Copyright © 2024 by Penguin Verlag, München
in der Penguin Random House Verlagsgruppe GmbH,
Neumarkter Straße 28, 81673 München
und ® Lizenz der Marke STERN
durch Gruner + Jahr Deutschland GmbH & Co KG
Grafik: Peter Palm, Berlin
Umschlaggestaltung: Hafen Werbeagentur gsk GmbH
Umschlagabbildungen: © Shutterstock
Satz: satz-bau Leingärtner, Nabburg
Druck und Bindung: GGP Media GmbH, Pößneck
Printed in Germany 2024
ISBN 978-3-328-11183-2

www.penguin-verlag.de

Inhalt

VORWORT

Als ich noch ein Kind war, servierte mir meine Oma gern »gute Butter«, wie sie es nannte. Ob geschmiert auf einer Stulle oder zerlassen in Nudeln. »Gute Butter« war für die Frau, die zwei entbehrungsreiche Weltkriege durchstanden hatte, ein Kennzeichen für die Überwindung der mageren Jahre. Und ein Ideal für eine natürliche, gesunde Ernährung im Wirtschaftswunder.

Ähnlich dachten in den siebziger Jahren offenbar auch die Politiker: Butter wurde derart mit Subventionen gepuscht, dass sich bald in den Kühlhäusern gewaltige Butterberge auftürmten. Um die glitschigen Vorräte abzutragen, wies das Bonner Ernährungsministerium den Handel an, stark verbilligte »Weihnachtsbutter« zu verkaufen. »Molkereibutter aus Interventionsbeständen« stand auf den Packungen.

Heute hat Europa andere Probleme. Vor allem gilt es, den grassierenden Klimawandel aufzuhalten. Und da ist Butter im Überfluss alles andere als »gut« einzustufen. Im Gegenteil, sie hat in den vergangenen Jahrzehnten eine Menge zur Erderwärmung beigetragen. Denn sie ist so ziemlich das klimaschädlichste Lebensmittel in unserem Kulturkreis. Knapp 5,3 Kilogramm konsumieren wir Deutsche pro Kopf und Jahr davon – in allen Varianten. Jedes Kilo sorgt laut dem Thünen-Institut für 25 Kilogramm CO_2-Emissionen. Das ist 35-mal mehr als bei Margarine. Die schlechte Bilanz liegt vor allem an der benötigten Milch, für deren Produktion doppelt so viel Landfläche in Anspruch genommen wird wie für Margarine. Und Butter verschlingt sehr viel Milch: rund 18 Liter pro Kilogramm.

Erinnerungen wie über die Butterberge haben 2020 den Impuls geliefert, im »Stern« eine neue wöchentliche Kolumne zu starten: die »Ökobilanz«. Wir wollten darin die Dinge des Alltags daraufhin untersuchen, ob sie den modernen Anforderungen eines umwelt- und klimagerechten Lebens entsprechen. Den Anfang machten wir – zur Frankfurter Buchmesse – mit der Frage: »Bücher oder E-Reader?« Damals kam das Freiburger Öko-Institut zu dem überraschenden Ergebnis, dass E-Reader – trotz ihrer wertvollen Rohstoffe und energieintensiven Herstellung – ab 22 ersetzten Büchern beginnen, die Umwelt zu entlasten.

Die »Ökobilanz« muss stets rein wissenschaftlich begründet sein, das ist unser Prinzip. Vor allem: ohne Ideologie. Wenn Forscher also aus nachvollziehbaren Gründen Atomkraftwerke für die klimafreundlichere Stromquelle halten als Windräder, dann sollte das im »Stern« auch so stehen. Und wenn das E-Auto die Eisenbahn schlägt, ebenfalls. Deshalb suchen wir stets nach unabhängigen Studien zum Thema und befragen anerkannte Experten, die kein finanzielles Interesse verfolgen. Und wir versuchen, den gesamten Lebenszyklus des untersuchten Gegenstands abzubilden. Das ist nicht immer einfach, und wenn wir zu keinem eindeutigen Resultat kommen, dann schreiben wir es auch so. Spannend sind die Recherchen immer. Nicht selten stellen wir fest, dass unser

Anfangsverdacht nicht zutrifft. Manchmal kommt bei der Recherche sogar das Gegenteil dessen heraus, was wir angenommen hatten.

So war es zum Beispiel 2007 – der »Stern« kann auf eine lange Tradition mit Klimafragen zurückschauen. Damals begleitete eine Kollegin einen Bioapfel aus Südamerika über 13 000 Kilometer in einen Kölner Supermarkt. Sie wollte herausfinden, ob er für deutsche Kunden, wie es offensichtlich zu sein schien, wirklich umweltfeindlicher ist als eine Frucht aus dem Rheinland. Das Ergebnis überraschte selbst die Fachwelt und produzierte weitere Schlagzeilen: Spätestens ab April, also ein halbes Jahr nach der hiesigen Erntezeit, liegt der Import-Apfel ökologisch vorn, weil der heimische über Monate energieintensiv gekühlt werden muss.

Mit dem Klimawandel drängen sich solche Fragen immer stärker auf. Für dieses Buch haben wir 77 Kolumnen ausgewählt und auf den neuesten Stand gebracht. Außer mir, der ich die Reihe in der Redaktion verantworte, haben meine Kollegen Alexandra Kraft und Andreas Hoffmann die Texte verfasst, zwei erfahrene Fachkräfte aus dem »Stern«-Ressort »Wissen«. Als Vierter im Bunde schreibt Autor Marc Winkelmann, unter anderem Redaktionsleiter des recherche- und analysekräftigen Fachportals »ESG.Table für zukunftsfähiges Wirtschaften«. Es gilt als Vorbild für tiefschürfenden Journalismus und Sachkompetenz.

Immer wieder erstaunt uns die außergewöhnlich große Resonanz der »Stern«-Leserinnen und Leser auf jede »Ökobilanz«. Nach Erscheinen erreichen uns viele Mails mit Lob und Kritik, vor allem aber auch mit Wünschen, um welche Produkte wir uns als Nächstes kümmern sollten. Die Absender geben uns mit großer Mehrheit das gute Gefühl, uns verstanden zu haben: Wir wollen nicht missionieren und drängen auch niemanden zu einem asketischen Leben. Wir wollen vielmehr fundierte Erkenntnisse weitergeben, damit die Menschen gerüstet sind, eigenständig zu entscheiden, wie viel sie persönlich in den Klimaschutz investieren möchten. Ohnehin belegen die »Ökobilanzen« sehr oft, dass man ohne großen Komfort- und Genussverlust mit reinem Gewissen weiterkonsumieren kann, wenn man nur an ein paar Stellschrauben dreht.

Ein großer Dank gilt der gesamten »Stern«-Redaktion. Bei vielen Video- oder Präsenzkonferenzen, in denen wir über aktuelle und zeitlose Themen nachdenken und streiten, poppen Fragen und Anregungen auf, die uns zu einer neuen »Ökobilanz« führen. Ein großer Dank gebührt aber auch unseren Familien. Denn nicht selten liefert der ganz normale Alltag die allerbesten Geschichten, auch für unsere Kolumnen.

Rolf-Herbert Peters

I

DUSCHEN ODER BADEN?

Unser Einfamilienhaus am Rande Kölns war mal das Gästehaus der berühmten Dierks Studios, die unter anderem den Scorpions zu Weltruhm verholfen haben. Früher nächtigten in den Gästezimmern Tina Turner, Jon Lord (Deep Purple) oder der »King of Blues«, Alexis Korner. Als wir das Haus übernahmen, hatte es fünf Bäder. In jedem Bad gab es eine Dusche und eine Wanne. Wir stellen uns manchmal vor, wie die Rockstars wilde Schaumbadorgien feierten – splish-splash! Und wie dabei die Wasseruhr glühte.

Baden und Duschen sind ein bedeutender Posten in der Ökobilanz. In Privathaushalten geht gut ein Drittel des verbrauchten Wassers dafür drauf. Die verbleibende Menge wird beim Wäschewaschen, Geschirrspülen, Toilettengang, Kochen, Putzen und Blumengießen eingesetzt. Viele glauben: Das Kurz-unter-die-Dusche-Stellen nach dem Aufstehen könne den hohen Wasserverbrauch nicht erklären. Schuld seien die ausgedehnten Schaumbäder, die sich gewisse Familienmitglieder mit Kopfhörer, Buch oder Sektflöte gönnen.

Doch die Lage ist nicht so eindeutig. Klar, Duschen ist die umweltfreundlichere Variante – wenn man sich an die strengen Regeln der »Öko-Weisen« hält, etwa die aus dem

Umweltbundesamt. Danach darf man nur alle zwei, drei Tage unter die Brause (was auch Dermatologen raten) und nicht mindestens einmal pro Tag, wie es fast zwei Drittel der Deutschen tun. Marathonduschen ist tabu, nach spätestens fünf Minuten muss der Griff zum Handtuch folgen. Beim Einschäumen soll man das Wasser abdrehen. Und bloß keine Spaßdusche verwenden, die aus allen Rohren schießt und sonst unerreichbare Körperregionen kärchert. Erlaubt ist ein Sparduschkopf, der etwa sechs Liter pro Minute durchlässt – wie Nieselregen.

Knausern also, wo es geht. Die Realität ist aber eine andere. Die Deutschen, so zeigen Umfragen, stehen im Durchschnitt zwischen sechs und elf Minuten unter der Brause. Oft stecken noch betagte Duschköpfe an den Zulaufschläuchen, die 15 Liter und mehr pro Minute durchlassen und sogar einen Wohnungsbrand löschen könnten. Was bedeutet: Im schlimmsten Fall versickern pro Duschgang 165 Liter im Abfluss. Das ist mehr, als üblicherweise für eine Standardwanne benötigt wird, die man ein- oder zweimal pro Woche füllt.

Ist die Dusche wenigstens beim Energiebedarf für das Erwärmen des Wassers klarer Sieger? Nicht grundsätzlich. Laut dem Bund der Energieverbraucher werden für elf Minuten Duschen mit herkömmlichem Brausekopf und 40-Grad-Temperatur gut sechs Kilowattstunden Energie benötigt. Ein 39-Grad-Vollbad in einer Durchschnittswanne kommt auf einen ähnlichen Wert. Das bedeutet auch hier: Nur wenn sich der Warmduscher bei Dauer und Wassermenge diszipliniert, reinigt er seinen Körper nachhaltiger.

Es gibt nur einen Weg, um Schuldgefühle abperlen zu lassen: Man muss grüne Energie einsetzen. Leider verbrennen noch etwa drei Viertel der deutschen Haushalte Gas und Heizöl, also fossile Stoffe mit hohem CO_2-Ausstoss, um Warmwasser zu produzieren. 4,8 Prozent nutzen Strom – wobei inzwischen etwa die Hälfte davon Ökostrom ist. Der Anteil muss sich erhöhen, sonst kann die Energiewende nicht gelingen – da sind sich die Öko-Weisen und die Regierung mal ziemlich einig. Auch Berlin drängt, mehr Photovoltaik, Solarthermie, grüne Fernwärme, Pellet-Heizungen oder mit Ökostrom betriebene Wärmepumpen einzusetzen, um die Klimaziele zu schaffen.

Wassermangel gibt es hierzulande – trotz zunehmender Trockenheit – dagegen noch nicht. Die Deutschen sind mit rund 125 Litern pro Kopf und Tag recht genügsam (EU-Durch-

Trinkwasserverwendung in deutschen Haushalten 2022

Raum-reinigung/ Garten — 6%
Essen/ Trinken — 4%
Geschirr-spülen — 6%
Kleingewerbe-anteil — 9%
Baden/Duschen/ Körperpflege — 36%

125 Liter pro Person pro Tag

Wäsche waschen — 12%
Toiletten-spülung — 27%

Quelle: BDEW; https://www.bdew.de/service/daten-und-grafiken/trinkwasserverwendung-im-haushalt/; Stand Juli 2024.

17

schnitt: 144 Liter). Manche Kommunen müssen schon Tausende Liter Frischwasser zusätzlich ins Abwassernetz kippen, um Keime zu verhindern.

Wir haben übrigens abgerüstet: In unserem Haus gibt es nur noch zwei Duschen und eine Wanne, die – völlig ideologiefrei – so gut wie nie genutzt wird.

2

LAUBBLÄSER ODER RECHEN?

Sie sind wieder da. Ich kann sie hinter den Hecken hören. Einer nach dem anderen heult in den Nachbargärten auf: Laubbläser und -sauger. In diesem Moment ist klar: Die Kaffeetafel auf der Terrasse in der Oktobersonne ist beendet. Ich denke an meine Kindheit, als bei den Herbstmanövern Starfighter aus dem Nichts über unseren Garten donnerten. Ihr Lärm jagte uns eine Höllenangst ein.

Der Vergleich ist gar nicht so weit hergeholt. Laut Umweltbundesamt (UBA) können Laubbläser bis zu 120 Dezibel erzeugen – wie ein Presslufthammer. Selbst die leisen Modelle tosen wie starker Verkehr. 60 Prozent der Deutschen fühlen sich laut einer UBA-Umfrage durch lärmende Nachbarn gestört. Warum tun Menschen das nur? Ein Freund sagte neulich, als er einen Mann mit Laubsauger in Hüfthöhe wüten sah: »Schwanzverlängerung. Es saugt und bläst der Heinzelmann ...«

Laubsauger oder Rechen? Die Frage stellte sich früher nicht. Seit Menschengedenken haben die Leute die bunte Biomasse mit Muskelkraft zusammengeharkt. Freunde von uns mit einem Garten wie ein Fußballfeld veranstalten noch heute jedes Jahr eine Laubrechen-Party. Aber nun locken die

19

Baumärkte wieder mit den Höllengeräten. Rund 400 000 Stück werden jedes Jahr in Deutschland verkauft. Der Obi präsentiert Laubsauger direkt am Eingang, während die Rechen hinten in der Gartenabteilung versteckt werden. Einmal hochheben zeigt: Schon beim Materialverbrauch punktet der Rechen in der Ökobilanz. Der Akkubläser BGA 57 von Stihl (ca. 240 Euro mit Akku) wiegt 3,5 Kilogramm, der Laubbesen von Fiskars (ca. 25 Euro) 910 Gramm.

Auch beim Produktionsprozess sind die Maschinen, na klar, chancenlos gegen Harken: Motoren und Akkus, aber auch die Kunststoffteile werden mit hohem Energieaufwand hergestellt. Stihl fertigt sie unter anderem in Brasilien, China und den USA. Harken dagegen gibt es made in Germany aus heimischem Holz und Stahl. Beim Energievergleich siegt ebenfalls der Rechen: Ein Erwachsener verbraucht beim Harken knapp 300 Kilokalorien pro Stunde. Das hat er mit einem Käsebrot wieder drin. Ein Akku-Bläser leistet bis zu 3000 Watt – was rund 1000 LED-Birnen leuchten ließe. Ein Gerät mit Verbrennungsmotor frisst Schmierstoff und Sprit – allein Herstellung und Transport eines Liters Benzin verschlingt so viel Energie wie ein Singlehaushalt an einem Tag.

Gesünder ist das Harken allemal. 30 Minuten Gartenarbeit, zeigen Studien, wirken wie ein Kurzurlaub. Cholesterin- und der Stresspegel sinken, der Bewegungsapparat wird mobilisiert, das Atemvolumen nimmt zu, die Konzentrationsfähigkeit steigt. Wirft man den Laubsauger an, wendet sich das Blatt. Blutdruck und Stresshormone schießen hoch. Schon 80 bis 85 Dezibel können das Gehör dauerhaft schädigen. Spätestens bei 120 Dezibel drohen Tinnitus und Hörsturz. Am besten hält man sich in der Nähe von Laubbläsern gleich alle Körperöffnungen zu. Denn die Apparate wirbeln

Mikroben, Pilze, Unrat, Tierkot und Feinstaub etwa aus Reifenabrieb auf und verteilen sie fein in der Atemluft. Bah! Modelle mit Verbrennungsmotor emittieren zudem krebserregende Kohlenwasserstoffe und Feinstaub.

Bezieht man noch die Tierwelt in die Ökobilanz ein, sind die Nervensägen völlig diskreditiert. Wenn sich der Schatten des laubblasenden Homo sapiens über den Ziergarten legt, ist »Independence Day« bei Asseln, Springschwänzen, Spinnen, Käfern, Fröschen. Sie werden im Luftstrom des Bläsers – mehr als 400 Stundenkilometer schnell – durch die Luft gewirbelt und zerrissen. Oder im Häcksler des Laubsaugers geschreddert. Kein Will Smith rettet sie.

Das Umweltbundesamt kommt zu dem Schluss: Laubsauger und -bläser sind aus Kostengründen ineffizient, verbrauchen Energie und Ressourcen und bieten bei kleinen bis mittelgroßen Grundstücken keinerlei Vorteil: »Das Gewicht der Geräte erfordert unnötigen Kraftaufwand, und viel schneller ist man bei der Laubbeseitigung auch nicht.« Hallo, Nachbarn! Dem ist nichts hinzuzufügen.

3

PUTZLAPPEN ODER KÜCHENROLLE?

Die Deutschen hamsterten in der Corona-Zeit nicht nur Klopapier, sondern auch Küchenrollen. Anfang November 2020 hing im Aldi ein Warnschild am Regal: »Nur eine Packung pro Haushalt!« Offenbar grassierte die Überzeugung, dem Virus sei nur mit Desinfektionsspray und blütenweißem Küchenpapier beizukommen. Der Absatz boomte, die deutsche Tissue-Industrie jubelte. Sie witterte die Chance, Putzlappen und Baumwollhandtuch aus den Haushalten zu verdrängen. Nachhaltig.

Jeder Deutsche verbraucht etwa zehn Kilogramm Hygienepapier pro Jahr – ohne Toilettenpapier. Das entspricht rund 53 Haushaltsrollen (allerdings beinhaltet diese Statistik auch Kosmetik-, Taschen- und ähnliche Tücher). Ist das eine schlechte Nachricht für die Umwelt? Die Antwort scheint klar: Ja, totale Verschwendung! Denn Haushaltspapier wird aus Zellstoff gemacht und der wiederum aus Baumfasern. Das Holz dafür wird zu rund 80 Prozent importiert, viel aus Skandinavien, aber auch zunehmend aus Entwicklungs- und Schwellenländern. Damit das Küchenpapier flauschig wird, müssen sehr kurze Fasern beigemischt werden. Gern von Eukalyptusbäumen, die auf brasilianischen Plantagen wachsen. Es müssen also nicht nur Bäume fallen, die Rohstoffe haben auch eine sehr lange Reise hinter sich.

Bei der Herstellung der Rollen werden die Fasern erhitzt und mit Wasser verdünnt – etwa 50 Liter für ein Kilo Papier. So entsteht ein hauchdünner Film, der zu einer Papierlage getrocknet wird. Dann werden die Rollen in Folie abgepackt. Beim Kunden landet das Produkt schnell im Müll – nach einmaliger Benutzung. Oder gar im Klo, was in der Pandemie zu oft passierte, wie die Allianz der öffentlichen Wasserwirtschaft warnte: Die Abwasserleitungen drohten zu verstopfen.

Und Lappen? Auch hier scheint klar: Super! Weil man sie waschen und mehrfach nutzen kann. Eine Auftragsstudie des Deutschen Textilreinigungs-Verbands scheint das für Baumwollhandtücher zu bestätigen: Die Baumwolle erzeuge im Vergleich zu Frischfaserpapier 95 Prozent weniger Abfall, brauche 48 Prozent weniger Energie und trage 29 Prozent weniger zum Klimawandel bei. Gegenüber Recyclingpapier schneidet Baumwolle fast ähnlich gut ab.

Das Problem solcher Studien ist: Sie bilden nicht den gesamten Lebenszyklus des Produkts ab – also vom Rohstoff bis zur Vernichtung. Dadurch fallen manche ökologische Kollateralschäden aus der Bilanz. Auch Baumwolle hat in der Regel eine lange Reise hinter sich, und bezieht man den ungeheuren Wasserbedarf von Baumwollplantagen mit ein und die Pestizide, die dort zum Einsatz kommen, liegen Papierhandtücher deutlich vorn. Umweltschützer monieren auch: Oft sind Putzlappen, etwa Mikrofaser- oder Schwammtücher, aus Kunststoff hergestellt, deren Produktion Erdöl und Strom verschlingt. Im Alltag setzen sie in Spüle und Waschmaschine Mikroplastik frei. Man findet die Partikel inzwischen nicht

23

nur in den Weltmeeren, sondern auch im Rhein oder im Chiemsee. Die Folgen für Mensch und Tier sind kaum absehbar.

Die Universität von Arizona fand auf einem Spülschwamm mehr als sieben Milliarden Erreger (in der Mundflora leben übrigens natürlicherweise kaum weniger Bakterien). Solche Nachrichten schrecken Verbraucher auf, die wiederverwendbare Lappen oft sehr heiß waschen oder minutenlang in ihrer Mikrowelle grillen. Wird die A-Waschmaschine auf 90 statt auf 30 Grad gedreht, schießt der Stromverbrauch auf das Fünffache.

Kurzum: Weder Lappen noch Haushaltsrolle kann man zum eindeutigen Sieger erklären. Aber man kann Folgeschäden minimieren. Lappen sollten frei sein von Mikroplastik. Es gibt inzwischen umweltschonende, aber auch teurere Produkte aus Bambus oder aus anderen kompostierbaren Zutaten. Für Küchenrollen gilt: auf den »Blauen Engel« achten. Echte Recycling-Küchenrollen sparen bis zu zwei Drittel Energie und Wasser ein.

4

FICHTE ODER PLASTIK?

Als unser Weihnachtsbaum vor 22 Jahren bei uns einzog, wurde er per Post in einem schmalen grünen Karton mit chinesischer Aufschrift geliefert. Ich hatte ihn im Internet bestellt, für zehn Euro. Damals war ich im achten Monat schwanger, wir wohnten zur Miete in Hamburg, ganz oben unterm Dach. In den Jahren zuvor waren wir über Weihnachten immer zu unseren Eltern gereist. Nun wollten wir zum ersten Mal zu Hause feiern. Da durfte ein Baum natürlich nicht fehlen. Ich war aber zu schwanger, um eine echte Tanne nach Hause zu schleppen, mein Mann musste arbeiten. Also bestellten wir einen Kunstbaum. »Im nächsten Jahr besorgen wir dann einen richtigen«, sagten wir.

So weit unser Plan. Womit wir nicht gerechnet hatten: Wir schlossen unser kleines Plastikbäumchen ins Herz. Es ist nur knapp einen Meter groß. Die Äste lassen sich in alle Richtungen biegen. Der Baum nadelt nicht. Noch nicht mal einen Ständer braucht er, der ist am Stamm eingebaut. Jedes Jahr am 24. Dezember wird er von unserem Sohn aus dem Keller geholt, wir schmücken ihn, und wir freuen uns, wie entspannt Weihnachten ist. Sind die Feiertage vorbei, klappen wir alles zusammen. Manchmal bleibt er auch einfach stehen und kommt erst Ende Januar in seine Kiste. Bis zum nächsten Weihnachten.

Knapp 30 Millionen Bäume werden in Deutschland pro Jahr für Weihnachten gefällt. Für hiesige Verhältnisse ist eine Plastiktanne die Ausnahme. In den USA ist bereits jeder dritte Christbaum aus Kunststoff. Als wir einige Jahre in New York lebten, zog unserer natürlich im Container mit. So haben wir bislang 22 Bäumen das Leben gerettet.

Und wir haben der Umwelt noch etwas Gutes getan. Laut einer Untersuchung des britischen Carbon Trust, der sich für die Reduzierung von Treibhausgasen einsetzt, schneidet ein Plastikbaum nach etwa zehn Jahren Nutzung in Sachen CO_2-Ausstoß besser ab als ein natürlich gewachsener.

Aber nicht nur beim CO_2 ist unser Bäumchen die bessere Lösung. Damit Tannen gerade wachsen, viele Äste haben, ihre Nadeln sattgrün sind, müssen sie stark gedüngt und mit Mitteln gegen Schädlinge behandelt werden. Das gilt auch für die in Deutschland beliebte Nordmanntanne. Sie wächst besonders gerade, hat weiche Nadeln, die selten abfallen, sondern an den Ästen vertrocknen. Nur noch wenige werden aus Skandinavien importiert, weil sie bei uns auf großen Flächen wachsen. Bei einer Stichprobe der Umweltorganisation BUND waren drei Viertel der Tannen mit Pestiziden belastet. Umweltschützer kritisieren außerdem, dass den Weihnachtsbaumplantagen die Vielfalt echter Wälder fehlt und sie oft viel Platz in Anspruch nehmen, den eigentlich die Landwirtschaft braucht. Bäume mit Ballen sind übrigens keine gute Alternative, sie vertragen den Wechsel von draußen nach drinnen und wieder zurück meist schlecht.

Am Ende macht es auch noch einen riesigen Unterschied, ob ein Baum auf einer Mülldeponie endet oder verbrannt wird. Verrottet er, setzt er Methan frei. Das Gas gilt als bis zu 25-mal umweltschädlicher als CO_2. Ein Baum, der im Feuer endet, setzt dagegen nur so viel Kohlendioxid frei, wie er beim Wachsen gebunden hat. Laut der Berechnung des Carbon Trust entsteht durch einen etwa zwei Meter großen Nadelbaum, der auf einer Deponie entsorgt wird, rund 16 Kilogramm CO_2. Wird er verbrannt, reduziert sich das auf etwa 3,5 Kilogramm. Vier von fünf Plastikbäumen kommen derzeit aus China. Vor allem wegen der Plastikherstellung und Verarbeitung werden für sie etwa 40 Kilogramm des schädlichen Stoffes freigesetzt. Nicht berücksichtigt wurde bei der Berechnung die Entsorgung des Plastikbaumes.

Aber über den Abschied von unserem Christbäumchen wollen wir gar nicht nachdenken. Man sieht ihm sein Alter nicht an, er ist noch frisch wie am ersten Tag und wird uns sicher noch viele Jahre begleiten. Gut möglich, dass ihn unser Sohn eines Tages erben wird.

5

HUND ODER KATZE?

Wir haben einen Hofkater. Er heißt Momo und gehört einer Nachbarin. Im Grunde ist er Selbstversorger. Die Beete dienen ihm als Katzenklo, und zwischen Petunien und Efeu jagt er Mäuse. Manchmal erwischt er leider auch eine Meise. Außerdem war er kürzlich für eine Woche verschwunden. Vermutlich bedient er sich auch ein paar Gärten weiter. Auf jeden Fall tauchte er satt wieder auf – das Futter, das ihm seine besorgte Besitzerin hinstellte, ignorierte er.

Momos Streifzüge sind gut für seinen persönlichen CO_2-Tatzenabdruck. Denn Katzen sind nicht nur süß und kuschelig, ihre Haltung verursacht im Durchschnitt pro Jahr und Tier 390 Kilo des schädlichen Treibhausgases. So rechnete es das Schweizer Consulting-Unternehmen ESU aus. Das entspricht etwa der Menge, die ein Verbrennerauto auf einer Strecke von 1400 Kilometern in die Luft bläst. Einbezogen in die Rechnung wurden Faktoren wie Futter, Behausung, Fäkalien und Tierarztbesuche. Ganze 51 Prozent des CO_2 entstehen durch die Nahrung. Weil Katzen frisches Fleisch und Innereien lieben – und Viehzucht ein großer Verursacher von Kohlendioxid ist.

Allein 13 Prozent des CO_2 entstehen durch undichte Katzenklappen. Über die Ritzen kühlt die Wohnung aus, es muss mehr geheizt werden. Mit einer besseren Isolierung, so die Experten, ließen sich pro Tier und Jahr 50 Kilo CO_2 verhindern.

Durch unseren Hof läuft auch manchmal Fritzi, ein kleiner Pudelmischling. Momo faucht ihn immer an. Verdient hat er es allemal, denn er ist im Vergleich zur Katze ein echter Umweltsünder. 950 Kilogramm CO_2 verursacht ein Hund pro Jahr. Das entspricht etwa 3700 Kilometern mit dem Auto. So viel würde bei Hin- und Rückfahrt mit dem Auto von Berlin nach Moskau entstehen.

Generell steigt die Umweltbelastung mit der Größe des Haustieres. Ein großer Hund frisst und trinkt natürlich mehr als eine kleine Katze. Dazu kommt, dass in billigem Hundefutter oft Soja verarbeitet wird, das ohne Umweltauflagen im Ausland produziert wird. Auch Fleisch für die Hunde kommt nur in den allerwenigsten Fällen aus der Biolandwirtschaft, sondern aus der Massentierhaltung.

Aber es ist nicht nur CO_2, auf das man schauen sollte. Denn was oben reinkommt, geht natürlich hinten wieder raus. Über seine etwa 13 Lebensjahre scheidet ein Durchschnittshund rund eine Tonne Kot und knapp 2000 Liter Urin aus. In Deutschland leben etwa zehn Millionen Hunde. Mit dem Nebeneffekt, dass pro Jahr Millionen kleine, schwarze Kottüten anfallen. Die müssen von der Stadtreinigung entsorgt werden. Viele enden aber auch einfach im Gebüsch – und belasten so die Natur zusätzlich. Durch den Urin gelangen große Mengen Stickstoff, Phosphor und oft sogar Schwermetalle in den Boden, die mit dem Regen in Gewässer gespült werden.

Aber nicht alles CO_2 wird vom Tier allein verursacht. Frauchen und Herrchen haben mit ihrem Verhalten einen gehörigen Anteil daran. Denn Tierfreunde sind nicht zwingend Umweltschützer. Allzu oft chauffieren sie ihre Vierbeiner zum Gassigehen mit dem Auto in den Park oder Wald, haben die Schweizer Forscher nachgewiesen. Allein durch diesen Fahrdienst entstehen pro Jahr und Tier etwa 160 Kilo CO_2.

Wenn es also unbedingt ein Haustier sein muss, dann sind Fische die beste Wahl. Laut Berechnung sind sie die naturfreundlichsten. Hält man zum Beispiel 50 Goldfische in einem Aquarium, entstehen dadurch lediglich 90 Kilo CO_2 pro Jahr. Wer darauf achtet, dass der Sand im Aquarium aus heimischen Regionen kommt, kann den CO_2-Ausstoß sogar auf 78 Kilo reduzieren. Oder Sie machen es wie wir mit unserer

Heimtiere in Deutschland

▶ 34,4 Mio. Heimtiere leben in Haushalten in Deutschland.
▶ In 46 % aller Haushalte werden Tiere gehalten.

Terrarien	Garten-teiche	Aquarien	Ziervögel	Kleintiere	Hunde	Katzen
1,3 Mio	1,4 Mio	2,3 Mio	3,7 Mio	4,9 Mio	10,6 Mio	15,2 Mio

Quelle: ZZF; https://www.zzf.de/marktdaten/heimtiere-in-deutschland; Stand Juli 2024.

Hofkatze Momo: Die streunt umher und legt sich, sobald sie jemanden erblickt, demonstrativ vor die Füße. »Kraul mich«, soll das heißen. Manchmal schleppt sie auch eine tote Maus an. So fühlen sich 30 Bewohnerinnen und Bewohner als Katzenbesitzer. Pro Person fallen dann nur noch 13 Kilo CO_2 an. Cat-Sharing, der Umwelt zuliebe.

6

FEUER- ODER ERDBESTATTUNG?

Sarg oder Urne? Darf man diesen Vergleich überhaupt ziehen? Verlangt es nicht die Pietät, wenigstens hier den grünen Zeigefinger einmal unten zu lassen? Ehrfurcht vor den Toten ist ein hohes Gut. Niemand sollte am Grab die Ökobilanz aufmachen. Aber es gibt trotzdem gute Gründe, die Zusammenhänge zu kennen. Um die Bibel zu bemühen: Der Mensch mag zwar aus Staub gemacht sein. Aber er kehrt nach dem Tod nicht mehr nur zu Staub zurück wie zu Moses Zeiten. Vielmehr trägt er manch ernste Gefahr für die Umwelt in sich.

Ich bleibe in dieser Kolumne sachlich, auch wenn es sich arg taktlos anfühlt. In Deutschland starben im Jahr 2023 1,02 Million Menschen. Ihr Durchschnittsgewicht lag laut Statistischem Bundesamt bei 77 Kilogramm. Gevatter Tod hat also 78 540 Tonnen Biomasse hinterlassen. Die besteht von Natur aus vor allem aus Kohlenstoff und Wasser, aber auch aus Phosphor, Magnesium, Kalium, Eisen und diversen Spurenelementen.

Im Leichnam der Moderne steckt aber leider noch viel mehr: Zahnfüllungen aus Amalgam (viel Quecksilber). Implantate aus Metall und Kunststoff. Herzschrittmacher. Antibiotika und weitere Medikamente, angereichert in den Organen. Radioaktivität durch therapeutische Bestrahlungen. Hinzu kommen Chemikalien aus der Einbalsamierung, der Toten-kleidung, dem Sargschmuck und -lack. All die Stoffe können bei Erdbestattungen in die Atmosphäre, ins Grundwasser oder in die Böden gelangen – und dort lange verbleiben. Wissenschaftler haben festgestellt, dass Pflanzen auf 1500 Jahre alten Begräbnisstätten noch immer besser wachsen – weil der Phosphor der längst vergessenen Leichen sie düngt.

In Krematorien werden Verstorbene nach dem Bundes-immissionsschutzgesetz behandelt – wie Sondermüll. Filter-anlagen geben ihr Bestes, damit nur Wasserdampf aus den Schornsteinen tritt. Sie filtern das Quecksilber heraus und andere Giftstoffe, etwa weil die Spanplatten des Sargs mit Formaldehydharz verbunden waren. Am Ende ist das ge-samte Verfahren eine saubere Sache. Der erste grüne Punkt für die geringste Menge unkontrollierter Umweltgifte geht an die Kremation.

Betrachtet man den Klimaschutz, steht der grüne Punkt der Erdbestattung zu. Sie braucht kaum externe Energie. Im Krematorium dagegen müssen die Brennkammern bis zu 1150 Grad erreichen, damit die Einäscherung gelingt. Sie dauert rund 75 Minuten. Zunächst muss Energie zugeschos-sen werden, damit sich Sarg und Leiche entzünden. 285 Kilo-wattstunden Gas und 15 Kilowattstunden Strom sind im Durchschnitt pro Vorgang nötig. Mit dieser Energiemenge könnte man eine kleine Wohnung einen Monat lang versor-gen. Oder einen SUV zweimal betanken. Neueste Anlagen sind sparsamer. Sie kommen mit weniger als der Hälfte aus. Aber: Stets wird eine große Menge CO_2 freigesetzt. Übrig bleibt Knochenasche, vorwiegend Phosphor und Calcium.

Die Urnen, in die sie gefüllt werden, sind biologisch abbaubar. Implantate werden aussortiert und dem Recycling zugeführt.

Seit vielen Jahren wird darüber gestritten, ob sich die freigesetzte Biowärmeenergie der Krematorien nutzen lässt. Es gibt immer mehr davon, deutschlandweit werden inzwischen mehr als 78 Prozent der Verstorbenen eingeäschert. In Umfragen finden Passanten eine Nutzung aber oft »eklig«. So etwas dürfe sich Deutschland mit seiner Nazi-Vergangenheit nicht leisten! Befürworter argumentieren: Eine Nutzung sei ethisch vertretbar, weil der Verstorbene dafür an keiner Stelle weniger würdevoll behandelt werde. Bislang werden meist nur Büroetagen deutscher Krematorien und Friedhofsgebäude durch die Abwärme auf Temperatur gebracht. Und Wohnhäuser? Derzeit nicht nachgefragt, sagen Betreiber. Wer möchte schon morgens unter der heißen Dusche an den Sensenmann denken?

7

O-SAFT ODER A-SAFT?

Früher habe ich mir eine Saftpresse gewünscht. So eine schicke silberne mit Hebel, in die man eine aufgeschnittene Orange legt, einmal kräftig drückt, und dann fließt leckerer Saft ins Glas. So meine Vorstellung – bis ich bei einer Freundin zum Brunch eingeladen war. Und mir mit genau so einem Gerät zum ersten Mal meinen Saft selbst gepresst habe. Es war eine riesige Sauerei, überall Spritzer, anstrengend war es außerdem, und die Reinigung der Saftpresse danach dauerte eine kleine Ewigkeit. Seitdem kommt bei mir Orangensaft nur noch aus der Flasche auf den Tisch.

So wie bei vielen in Deutschland, Orangensaft zählt hierzulande zu den beliebtesten Säften. Gut sieben Liter trinken die Deutschen durchschnittlich pro Jahr. Auch der weltweite Konsum ist hoch, etwa 75 Millionen Tonnen Orangen werden jährlich geerntet. Damit sind sie die am meisten angebauten und gehandelten Zitrusfrüchte. Ihre Vielfalt ist groß, Schätzungen gehen davon aus, dass es etwa 400 verschiedene Sorten gibt, die sich in Saft-, Zucker- und Säuregehalt unterscheiden. Brasilien ist das Land mit den größten Anbaugebieten für Orangen. Ich will Ihnen den Spaß am Getränk nicht verderben, aber natürlich ist die Frage berechtigt: Wie nachhaltig ist Orangensaft?

35

Die industrielle Herstellung von Orangensaft ist kompliziert. Um Konzentrat zu produzieren, wird dem Saft nach dem Pressen bei niedriger Temperatur unter Vakuum sowohl Wasser als auch Aroma entzogen. Der Saft wird verdichtet, heraus kommt ein Konzentrat, das eingefroren werden kann und nur noch etwa 17 Prozent des ursprünglichen Erntegewichts hat.

Natürlich verringert sich damit der notwendige Lager- und Transportraum. Am Zielort angekommen, wird das Konzentrat mit Trinkwasser verdünnt und das getrennt gelagerte Aroma wieder hinzugefügt.

Für Direktsaft werden die Orangen gleich nach der Ernte gepresst und gefiltert. Der Saft wird für kurze Zeit auf etwa 80 Grad erhitzt. Das stoppt den Gärungsprozess, und das haltbare Getränk kann in Tanks transportiert werden. Durch die größere Masse fällt die Umweltbilanz von Direktsaft ein bisschen schlechter aus. Inklusive der Emissionen, die beim Pasteurisieren und durch den Transport entstehen, verursacht ein Liter Direktsaft etwa 720 Gramm CO_2-Äquivalente, ein Liter Saft aus Konzentrat dagegen nur 690 Gramm.

Wie selbst gepresster Saft im Vergleich dazu abschneidet? Besser. Kommen die Orangen dafür zum Beispiel aus Spanien, werden sie zwar im Lkw transportiert, aber in großen Mengen. Das ist recht klimafreundlich. Und obwohl beim Pressen in der heimischen Küche die Saftausbeute geringer ist als bei der industriellen Herstellung, entstehen für einen Liter nur etwa 650 Gramm CO_2-Äquivalente.

Allerdings sollte der Saft dann auch direkt getrunken werden. Wird er erst noch gekühlt, verschlechtert sich die Ökobilanz. Die britische Supermarktkette Tesco berechnete, dass ihr frisch gepresster Orangensaft, weil er im Kühlschrank gelagert werden muss, doppelt so viel CO_2 verursacht wie der haltbare Tesco-Saft aus der Flasche.

Doch egal, ob selbst gemacht oder gekauft, beide Sorten eint Folgendes: Um hohe Erträge zu erzielen, werden die Plantagen in Ländern wie Brasilien und Spanien umfangreich künstlich bewässert. Dort ist Frischwasser oft eine knappe Ressource. Und beim herkömmlichen Anbau kommen häufig Pflanzenschutzmittel zum Einsatz, umweltschädliche Stoffe wie Phosphor und Stickstoff können dann ins Grundwasser gespült werden.

Ich trinke, seit ich für diese Kolumne recherchiert habe, fast nur noch Apfelsaft aus Deutschland. Denn der hat laut Berechnung des Instituts für Energie- und Umweltforschung Heidelberg nur einen halb so großen Klimafußabdruck wie Orangensaft – weil er nicht weit gefahren werden und auch weniger haltbar gemacht werden muss. Den Traum von einer eigenen Saftpresse habe ich damit endgültig aufgegeben.

8

BATTERIE ODER AKKU?

Manchmal überrascht mich der Aldi an seinem Grabbeltisch. Neulich türmten sich dort blaue Batteriepackungen. Ich dachte: Wer braucht denn noch Batterien? Ist die Welt nicht längst auf Akkus und USB-Ladegeräte umgestellt? Noch im Laden googelte ich nach Zahlen – Journalistenneugierde: In Deutschland werden jedes Jahr rund 1,2 bis 1,5 Milliarden Gerätebatterien in den Verkehr gebracht. Das macht für jeden Erwachsenen statistisch mindestens 1,6 Stück pro Woche.

Akkus gab es bei Aldi nicht zu kaufen. Das wirkt unzeitgemäß. Denn schon von der Anlage her sind diese deutlich umweltfreundlicher. Moderne Exemplare lassen sich bis zu 1000-mal aufladen und sind deshalb Monate oder Jahre im Einsatz. Batterien, etwa eingesetzt im ferngesteuerten Rennwagen der Kinder, sind dagegen nicht selten schon nach wenigen Stunden Abfall. Viele denken offenbar: Mit einer Aldi-Batterie, die rund 20 Cent kostet und damit billiger ist als eine Zigarette, kann man nichts falsch machen. Klingt erst einmal einleuchtend, denn für einen gut getesteten, vergleichbaren Marken-Akku, zum Beispiel von Duracell, muss man etwa 19-mal so viel zahlen (Stand 2021). Durch die lange Nutzungszeit

38

schmilzt der wahre Vergleichspreis des Marken-Akkus aber auf unter einen Cent zusammen.

Ein kleines Manko weisen Akkus allerdings gegenüber der Batterie auf: Vor allem die preiswerten bieten manchmal weniger Kapazität. Der Duracell-Hase kann mit ihnen also nicht ganz so lange trommeln. Und die gängigen Mignon- und Micro-Größen liefern in der Regel nur 1,2 Volt Spannung – die entsprechenden Batterien dagegen 1,5 Volt. Über die Nutzungsdauer wird dieser Nachteil aber überkompensiert. Gleiches gilt für Zusatzkosten der Akkus: Ein gutes Ladegerät, technisch simpel und jahrelang zu benutzen, gibt es für unter 15 Euro. Und das Aufladen eines AAA-Akkus (am besten mit zertifiziertem Grünstrom) kostet nicht einmal einen halben Cent.

Schaut man mit der Ökologenbrille auf die Herstellung, liefern beide Stromspeichermedien ein ähnlich schlechtes Ergebnis. Sowohl bei der Batterie wie beim Akku (der eigentlich nichts anderes ist als eine wiederaufladbare Batterie) werden wertvolle Rohstoffe eingesetzt, darunter Lithium, Zink, Aluminium, Eisen, Nickel, Kobalt, Seltene Erden. Mitunter kommen auch noch fiese Gifte zum Einsatz, die Mensch und Natur gefährden: Quecksilber, Cadmium, Blei. Der Energiebedarf bei der Produktion ist extrem hoch: Sie benötigt – je nach Typ – das 40- bis 500-fache der Energie, die die Elektrospeicher später abgeben können. Auch hier punktet der Akku rechnerisch, weil er hundertfach wiederverwendet wird.

Den größten Einfluss auf die Ökobilanz von Akkus und Batterien können wir Verbraucher ausüben: Wir könnten dafür sorgen, dass die wertvollen Rohstoffe in nahezu vollem Umfang wiederverwendet werden. Das Recycling funktioniert heute technisch schon sehr gut. Nur tun wir zu wenig.

Von den knapp 63 210 Tonnen verkauften Batterien wurde 2021 über die Hälfte illegal entsorgt, etwa im hauseigenen Restmülleimer. Der Weg zu einer der Sammelboxen, die in Supermärkten, Drogerien oder Baumärkten zu finden sind, ist vielen Leuten offenbar zu mühsam. Ihr Verhalten ist ökologisch so klug, wie seinen alten Kühlschrank im Wald verschwinden zu lassen. Die Deutsche Umwelthilfe moniert die Gedankenlosigkeit seit Langem und fordert ein Pfandsystem für Batterien wie bei Plastikflaschen.

Fazit: Möglichst Akkus statt Batterien verwenden und beim Kauf darauf achten, dass diese keine Schwermetalle enthalten – das rät auch das Umweltbundesamt. Und wenn schon elektrische Geräte angeschafft werden müssen, dann den Strom am besten direkt aus dem Netz ziehen. Das schont auch den Geldbeutel: Strom aus der Batterie ist mindestens 300-mal teurer als aus der Steckdose.

9

IMKERHONIG ODER
INDUSTRIEWARE?

Am Eingang unseres Wochenmarktes hat ein Imker seinen kleinen Stand. Vor ihm aufgereiht auf einem Tisch stehen die verschiedenen Honigsorten: dunkler Tannenhonig, gelber Lindenblütenhonig, heller Kleehonig. Im Sommer verkauft er ganz besondere Sorten wie Lavendel- oder Wildblütenhonig. Alle paar Wochen kaufe ich ein Glas bei ihm. Honig ist kein einfaches Lebensmittel. Um seine Ökobilanz zu bewerten, reicht es nicht aus, sich die CO_2-Werte für Herstellung und Transport anzusehen. Ganz wichtig ist auch der Umgang mit den Bienen und die Art der Landwirtschaft, die mit einer Honigart gefördert wird – Kriterien, die oft mit der Herkunft des Produkts zu tun haben.

Das Angebot an Honigen ist riesig. Es gibt sehr teure und sehr billige, regionale, fair gehandelte, deutsche und importierte. Es gibt den Honig sortenrein, gemischt, ökologisch und konventionell erzeugt. Die Deutschen lieben die Bienengabe wie kaum eine andere Nation, jeder von uns verbraucht im Durchschnitt 935 Gramm pro Jahr. Einheimische Immen produzieren gut 40 Prozent davon. Die übrigen Prozent stammen aus dem Ausland – vor allem aus der Ukraine, aber auch aus Süd- und Zentralamerika sowie China. Die Etikettierung ist oft verwirrend, Gütebezeichnungen und Siegel sind es ebenso. Das ist Absicht, denn so können die Hersteller verschleiern, woher der Honig wirklich stammt. Manchmal betrügen sie auch schlichtweg. Bei einer Untersuchung der Stiftung Warentest 2019 hatten drei von vier Wildblütenhonigen diesen Namen eigentlich nicht verdient. Oft stammte der Honig nicht von verschiedenen in der Wildnis blühenden Pflanzen, sondern nur von einer Pflanzenart, oder er kam sogar ausschließlich von Nutz- und Zierpflanzen.

Problematisch ist vor allem der sogenannte industriell produzierte Honig. Solch ein Glas von einem deutschen Hersteller habe ich mir kürzlich im Supermarkt genauer angeschaut. Klein stand auf der Rückseite: »Mischung von Honig aus EU-Ländern und Nicht-EU-Ländern«. Dieser Honig ist recht billig, er wird für den Massenmarkt hergestellt und in großen Mengen verkauft. Damit er immer gleich aussieht, riecht und schmeckt, werden verschiedene Sorten aus aller Welt zusammengemischt. Aber in vielen Ländern, aus denen der Honig kommt, gibt es kaum oder nur laxe Vorschriften für die Herstellung. Es wird nicht darauf geachtet, ob Bienen in der Nähe Pflanzen finden, die mit Pestiziden behandelt wurden. Außerdem wird die Haltung der Tiere nicht kontrolliert. Deswegen ist es auch nicht überraschend, dass »Öko-Test« 2022 in Proben Insektizide und andere Schadstoffe fand.

Mein Honig vom Markt trägt den Aufdruck: »Echter Deutscher Honig«. Dieses streng regulierte Markenzeichen wird seit fast 100 Jahren vom Deutschen Imkerbund vergeben. Weil er hierzulande produziert wird, sind die Transportwege relativ kurz, das ist gut für die CO_2-Bilanz. Außerdem muss der Honig besondere Qualitätsmerkmale mitbringen, er darf zum Beispiel nicht zu viel Wasser enthalten, so schmeckt er aromatischer. Ihm dürfen auch keine Stoffe entzogen oder hinzugefügt werden. Laut Regularien muss er »naturbelassen« sein. Seine Herkunft wird anhand einer Pollenanalyse kontrolliert.

Besonders umweltfreundlich ist Biohonig. Imker, deren Erzeugnis diese Bezeichnung trägt, verpflichten sich, ihre Bienen möglichst keine Pflanzen anfliegen zu lassen, die mit Pestiziden oder Gentechnik behandelt wurden. Die Bienenstöcke werden dafür so aufgestellt, dass in einem Umkreis von drei Kilometern überwiegend ökologische Kulturpflanzen oder wild wachsende Pflanzen blühen. So soll verhindert werden, dass die Tiere konventionell bewirtschaftete Felder und Wiesen erreichen. Außerdem werden die Bienenkästen nicht aus Kunststoff, sondern aus natürlichen Rohstoffen wie Holz gefertigt und nur mit schadstofffreier Farbe angestrichen. Synthetische Bienen-Medikamente sind verboten.

10

HERD ODER MIKROWELLE?

Zugegeben, ich greife schon mal zu Tiefkühlgemüse. Aufgetaute Vegetabilien schmecken allemal besser als wabbelig-weiche Dosenware. Nicht selten sind sie sogar gehaltvoller als vermeintlich frische Kost. Denn in den frostigen Packungen bleiben die Nährstoffe weitestgehend erhalten, weil das Gemüse gleich nach der Ernte (ein Markenhersteller verspricht: binnen 180 Minuten) bei rund minus 40 Grad Celsius schockgefroren wird. Bei Frischware aber, die Licht und Wärme ausgesetzt ist, bleiben Nährstoffe schnell auf der Strecke. Erbsen verlieren binnen zwei Tagen über 40 Prozent Vitamin C, Blattspinat sogar bis zu 80 Prozent.

So greife ich beherzt in die Gefriertruhe. Zeit für Spinat. Aber wie versetzt man den beinharten Block ökologisch sauber in einen verzehrfähigen Zustand? Welches Küchengerät verschlingt beim Auftauen und Erhitzen am wenigsten Energie? Für mein 250-Gramm-Päckchen empfiehlt der Hersteller auf der Verpackung: »Zugedeckt bei mittlerer Hitze zum Kochen bringen und für zwei Minuten weiter köcheln lassen.« Oder: »Im Mikrowellengerät bei 600 Watt sechs Minuten zugedeckt erwärmen und kurz aufkochen lassen.«

Ich probiere beide Varianten aus. Klar ist schon vorab: Bei solch kleinen Portionen schlägt die Mikrowelle den Elektroherd. Das liegt am unterschiedlichen Wirkungsgrad: Während man beim Herd, der mit Wärmeleitung arbeitet, Platte und Topf erhitzen muss, bevor die Wärme den Spinat erreicht, greifen Mikrowellen direkt an. Zweieinhalb Milliarden Mal pro Sekunde schwingen sie, treffen den Eisblock blitzartig im Kern und wirbeln seine Wassermoleküle durcheinander. So entsteht die Wärme. Das wasserfreie Mikrowellengeschirr bleibt kalt.

Wie fällt die Ökobilanz des Experiments nun genau aus? Die Mikrowelle zieht für die Spinatzubereitung rund 0,06 Kilowattstunden aus der Steckdose. Das entspricht laut meinem Stromvertrag Kosten von knapp zwei Cent. Auf dem Ceranfeld dauerte der Wandel des Aggregatzustands etwa 15 Minuten. Da kommen rund 0,23 Kilowattstunden Strom zusammen und Kosten von gut sieben Cent. Also rund das Vierfache – bei mehr Zeitaufwand.

Das Umweltbundesamt hat die Faustregel ausgegeben: Speisen bis zu einem Gewicht von 250 Gramm sollten in der Mikrowelle zubereitet werden. Bei größeren Mengen büßt sie ihren Vorteil zunehmend ein, weil dann auch in ihr immer mehr Energie durch Abwärme verpufft. Noch etwas effizienter als die Mikrowelle wäre ein moderner Induktionsherd – den ich aber wegen hoher Investitionskosten nicht besitze. Bei dieser Technik kommt ebenfalls keine Wärmeleitung zum Einsatz, sondern es wird ein elektromagnetisches Feld in den Topfboden induziert. So erhitzt sich das Metall des Gefäßes. Die Herdplatte bleibt kühl, der Kochvorgang wird verkürzt. Somit sinken Verbrauch und Kosten.

Viele Profiköche schwören auf Gasherde, und viele Amateure schließen sich ihnen aus Ergebenheit an. Ein Gasherd verbraucht für den gleichen Kochvorgang etwa doppelt so viel Energie wie ein Induktionsherd. Für die Umwelt muss das übrigens nicht schlechter sein. Denn wenn der Elektroherd mit fossilem und nicht mit grünem Strom gespeist wird, setzen die züngelnden Gasflammen unterm Strich oft sogar weniger Treibhausgase frei. Es gibt das Gerücht, die hochfrequenten Mikrowellen selbst würden wertvolle Nährstoffe in der Speise vernichten. Unsinn. Entscheidend für das Überleben von Vitaminen wie C oder B_1 sind Temperatur und Garzeit – nicht Wellenlängen. Beim Tiefkühlspinat arbeitet die Mikrowelle sogar schonender als der Herd, weil sie das Essen schneller und gleichmäßiger erhitzt.

»Ping!«, ruft sie mich. Der Spinat blubbert. Hasser des Popeye-Gemüses ätzen schon mal: »Spinat schmeckt am besten, wenn man ihn kurz vor dem Verzehr durch ein großes Steak ersetzt.« Ihr Kostverächter! Spiegeleier und Kartoffeln vom Bauernhof dazu – einfach sensationell!

I Prozent
des erlaubten Grenzwertes beträgt die Leckstrahlung bei Mikrowellengeräten im Mittel, so das Bundesamt für Strahlenschutz. Also keine Gefahr, auch nicht für Schwangere.

Quelle: BfS;www.bfs.de/DE/themen/emf/hff/quellen/mikrowelle/mikrowelle.html; Stand Juli 2024.

II

E-BIKE ODER MUSKELKRAFT?

Adam Opel, der legendäre Firmengründer, soll einmal gesagt haben: »Bei keiner anderen Erfindung ist das Nützliche mit dem Angenehmen so innig verbunden wie beim Fahrrad.« Autos waren in seinen Augen stinkendes »Spielzeug für Millionäre«. 1886 startete er daher mit dem Verkauf von Hochrädern.

Wir knapp 83 Millionen Deutsche teilen offenbar seine Begeisterung. Wir besitzen inzwischen fast genauso viele Fahrräder. Und wir stehen auf Hilfsmotoren: Rund die Hälfte der 2023 neu gekauften Räder hatten einen Elektroantrieb. Aber sind wir wirklich sauber unterwegs, wenn wir Straßen und Wälder mit unseren Pedelecs fluten? Wäre es nicht wesentlich gesünder für Mensch und Umwelt, wenn wir uns weiter mit Muskelkraft fortbewegen würden?

Im Duell der Zweiräder ist es kaum möglich, eine unantastbare Ökobilanz vorzulegen. Das Problem beginnt schon bei der Herstellung. Rahmen und Komponenten stammen fast ausschließlich aus Asien, vor allem aus Südostasien. Mindestens jedes zweite Rad, das im Laden steht, wird komplett importiert. Niemand weiß genau, welche Umweltbelastung Produzenten und Zulieferer dort verantworten. Das größte

Fragezeichen steht hinter dem Aluminium, aus dem etwa 90 Prozent aller Rahmen gefertigt werden. Der Abbau des Rohstoffs Bauxit kann extrem umweltschädlich sein. Und die Aluminiumproduktion verschlingt Unmengen Energie. Mit welchem CO_2-Rucksack wir unser neues Fahrrad auf die Straße bringen, hängt also wesentlich vom Strom ab, der in der Fabrik eingesetzt wird. In Taiwan, wo in Massen produziert wird, sieht es düster aus. Dort stammt er zu rund 80 Prozent aus fossilen Quellen – und setzt daher reichlich Klimagas frei. Kambodscha dagegen, Hauptlieferant für klassische Fahrräder, meldet 65 Prozent Grünstrom. Ungarn, unser führender Lieferant für Elektrofahrräder, kommt nur auf knapp 15 Prozent Grünstrom. Beim Transportweg steigt der Energiebedarf naturgemäß für Asiaten. Ein Bike aus Phnom Penh hat CO_2 für rund 9090 Kilometer Luftlinie im Gepäck, bis es in Berlin verkauft wird. Die Strecke Budapest – Berlin beträgt nur 690 Kilometer.

Natürlich wirken sich auch die weiteren Komponenten auf die Ökobilanz aus – Kunststoffgriffe, LED-Lampen, Schutzbleche. Aber die gibt es beim Fahrrad wie beim E-Bike gleichermaßen. Den Unterschied macht hier der Akku. Laut Umweltbundesamt werden bei seiner Herstellung etwa 55 Kilogramm CO_2 pro Kilowattstunde Speicherkapazität freigesetzt. Das ist in etwa so viel, wie der kleinste VW Golf 8 auf 540 Kilometer emittiert (zumindest laut Prospekt). Ein üblicher Fahrrad-Akku hat 0,5 Kilowattstunden. Das heißt: Wenn man mit dem E-Bike tatsächlich Autofahrten ersetzt, hat man nach etwa 270 Radelkilometern die Akku-Umweltlast abgetragen.

Schwer einzuordnen in die Ökobilanz sind die Rohstoffe, die für den Bau der Stromspeicher benötigt werden. Überschlägig wurden allein für die neue deutsche E-Bike-Welle 2020 rund 118 Tonnen Lithium, 940 Tonnen Elektrolyt, 410 Tonnen Kobalt, 350 Tonnen Nickel und ebenso viel Mangan sowie 4620 Tonnen weitere Materialien benötigt. Allerdings lassen sich Akkus inzwischen gut recyceln.

Bleibt die Ökobilanz im Fahrbetrieb. Ein üblicher 500-Wh-Akku sollte uns mindestens 50 Kilometer weit bringen. Das entspricht einem Verbrauch von rund einer Kilowattstunde auf 100 Kilometer – ein kleines E-Auto frisst rund 15-mal mehr Strom. Lädt man den Akku mit reinem Grünstrom, sind die Fahremissionen zu vernachlässigen. Besteht der Saft aus dem üblichen deutschen Mix aus fossilen und erneuer-baren Quellen, sind es rund 3,3 Gramm CO_2 pro Kilometer. Das alte Fahrrad dagegen setzt keinerlei CO_2 frei, wenn man die Nahrung des Fahrers außer Acht lässt. Fazit: Ersetzt ein Elektrobike das Auto, ist es ein Gewinn für die Natur. Ersetzt es das alte Fahrrad, ist es eine Last. Die ist aber so klein, dass wir uns den Spaß nicht verderben lassen sollten.

12

GASGRILL ODER HOLZKOHLE?

Wir Deutschen sind Seriengriller. Fast 90 Prozent von uns besitzen einen mobilen Bratrost. Jeder Vierte nutzt ihn das ganze Jahr, selbst wenn es draußen stürmt und schneit. Ab dem Frühling glühen allerorten die Briketts, züngeln die Gasflammen. Weißer Rauch liegt über Balkonen, Terrassen und Parks. Ein Leben ohne Würste, Maiskolben, Spareribs oder Tofu-Bratlinge scheint möglich, aber völlig sinnlos.

Am liebsten brutzeln wir über Holzkohle, auch wenn uns die Industrie viel lieber ihre renditestarken Mega-Gasgrills im Kleinwagenformat aufschwatzen würde. Rund zwei Drittel aller Griller schwören auf den pechschwarzen Brennstoff. Vielleicht weil sie glauben, es handele sich dabei um ein ökologisch korrektes Produkt aus der heimischen Forstwirtschaft. Das Gegenteil ist in der Regel der Fall. Rund 55 Prozent unserer Holzkohle ist importiert – rund 134 000 Tonnen im Jahr 2022. Ein Großteil davon stammt aus schützenswerten Tropenwäldern, wo die – häufig illegale – Abholzung irreversible Schäden anrichtet. Nicht selten werden hemmungslos Flächen kahl geschlagen, um Futtersoja oder -mais für die Tiere anzubauen, deren sterbliche Überreste später auf unseren Grillrosten vor sich hin braten.

In Deutschland wird das Glühmaterial in der Regel bestenfalls in Tüten abgefüllt. Nur ganz wenige heimische Firmen stellen die Ware wirklich selbst her, vorwiegend aus hartem heimischem Laubholz wie Eiche oder Buche, das einen hohen Heizwert aufweist. Leider können Verbraucher nicht immer sicher sein, dass der Inhalt hält, was die Verpackung verspricht. Allerdings gibt es Hoffnung: »Öko-Test« prüfte 2022 intensiv 18 Produkte: acht Mal gab es das Gesamturteil »sehr gut« und drei Mal »gut«. Nur einmal hieß es »mangelhaft«. Das Holz stammte meist aus Osteuropa, zum Teil aus Afrika. Verbraucher sollten auf jeden Fall beim Kauf auf die Deklaration achten. Auf recht sicherer Seite ist man mit dem »FSC«-Siegel (Forest Stewardship Council), »Naturland« oder »PEFC«. Sie sollen mehr oder minder belegen, dass für die Produktion kein Tropenwald abgeholzt wurde und das Holz aus nachhaltiger Waldbewirtschaftung stammt, die das Ökosystem nicht dauerhaft schädigt.

Aber nicht nur die Beschaffung der Holzkohle, auch ihre Verwendung ist oft nicht gerade umweltfreundlich. Sie kann sogar die Gesundheit gefährden. Das beginnt bei den Anzündern. Die billigen weißen bestehen meist aus Paraffin, das auf Erdölbasis hergestellt wird und nach dem Anzünden stinkt und rußt. Das Umweltbundesamt empfiehlt dringend, auf chemische Produkte zu verzichten, stattdessen Pappe oder Fabrikate auf pflanzlicher Basis zu verwenden, am besten mit »FSC«-Zertifizierung. Glühen die Kohlen, werden gesundheitsschädliche polyzyklische aromatische Kohlenwasserstoffe (PAK), Feinstaub und Kohlenstoffmonoxid freigesetzt. Es leidet aber auch das Klima: Pro Wurst, Maiskolben oder Tofu-Bratling wird etwa dreimal mehr CO_2 emittiert als bei einem Gasgrill. Insgesamt, so eine Studie des TÜV

Rheinland, verursacht ein Grillabend im Durchschnitt so viel CO_2 wie eine 120-Kilometer-Autofahrt.

Übrigens: Betrachtet man bei der Ökobilanz nur den reinen Klimaschutz, kommt es ohnehin gar nicht so sehr auf das Grillgerät an. Entscheidend ist das Grillgut, so der TÜV. 95 Prozent der klimarelevanten Emissionen an einem Grillabend lasten die Prüfer dem Lebensweg der Grillade an. Sie haben in ihre Berechnungen des ökologischen Fußabdrucks Treibhausgase wie Methan, Kohlendioxid oder Lachgas, zudem die Energieeffizienz und den Rohstoffbedarf einbezogen. Die Hauptklimasünder sind demnach gegrilltes Rindfleisch (2,9 Kilogramm CO_2 je 200 Gramm) und Grillkäse (1,9 Kilogramm). Schwein und Würstchen schneiden deutlich besser ab. Top-Klimaschützer: gegrillter Mais (50 Gramm). Aber wer will schon von bierbewehrten Kampfgrillern als Kolbenfresser verspottet werden?

13

KAFFEEKAPSELN ODER PULVER?

Vor fast 50 Jahren betrachtet Tüftler Eric Favre aus dem Schweizer Bauerndorf Saint-Barthélemy in seiner Hinterhofwerkstatt seinen Coup: die erste Kapselkaffeemaschine. Der Apparat, den Nestlé später zum »Nespresso«-System macht, erlaubt nun jedem Deppen, einen perfekten Espresso zuzubereiten, denkt Favre. Was für ein Genussfortschritt! An die Umweltfolgen denkt er nicht.

2022 trank jeder Deutsche im Durchschnitt 167 Liter Kaffee, wovon gut neun Liter durch solche Kapseln gepresst werden. Klingt zunächst nach wenig, aber als Müll rangieren die Behälter ganz vorn. Mehr als Milliarden gebrauchte Nespresso-Exemplare fallen jedes Jahr an. Die Bilanz findet die Deutsche Umwelthilfe (DUH) unselig: Auf 6,5 Gramm Kaffee kämen im Durchschnitt vier Gramm Verpackung. Das ist, als würde die Tüte eines Pfunds Bohnen- oder Pulverkaffee nicht rund 14, sondern 308 Gramm wiegen.

Alles nicht so schlimm, beteuern die Anbieter. Wofür gibt es Recycling? Aldi liefert auf seiner Umweltseite allerdings keinen Tipp, wie man die »Expressi«-Döschen des Discounters umweltschonend entsorgen könnte. Marktführer Nespresso jubelt, die Alukapseln, die das Pulver am besten

53

schützten, seien sogar für den Gelben Sack lizenziert. Nur – sie landen offenbar überwiegend nicht dort, sondern im Hausmüll. Die Recyclingquote liegt weltweit nur bei geschätzten 30 Prozent.

Die DUH moniert grundsätzlich die Belastung durch die Aluminiumgewinnung: zerstörte Naturräume, giftiger Rotschlamm, hoher Energieeinsatz bei der Schmelze. Selbst wenn Hersteller wie Nespresso neuen Kapseln große Anteile aus recyceltem Alu beimischten, entstehe noch kein vorteilhafter Verpackungskreislauf wie bei Pfandflaschen. Das Alu der Altkapsel lande eher in Fensterrahmen, Taschenmessern oder ähnlich groben Produkten.

Sind Biokapseln eine bessere Lösung? Man darf sie, behaupten Hersteller, in die Biotonne werfen. Allerdings enden auch hier die meisten Exemplare wohl im Hausmüll. Die DUH spricht ihnen jegliche Umweltfreundlichkeit ab. Nach der Bioabfallverordnung sei eine industrielle Kompostierung verboten: »Sehr viele Kompostierungsanlagen haben Probleme mit ›biologisch abbaubarem‹ Kunststoff und sortieren ihn noch vor der Kompostierung aus.« Dann landen sie in der Verbrennung.

Eine gute Alternative sind laut Umweltschützern wiederbefüllbare Kapseln – wenn man »Kraft und Geduld« für die Anwendung mitbringt, wie die Stiftung Warentest ergänzte. Verbraucher klagen zudem immer mal wieder über mangelhafte Passgenauigkeit. Mancher Maschinenhersteller verweigert Garantieleistungen, wenn eine Mehrfachkapsel im System steckt. Die Tester der österreichischen Zeitschrift »Konsument« fanden am Ende nur zwei Produkte überzeugend.

Spricht also alles für den klassisch gebrühten Kaffee? Ist er klar überlegen? Nicht unbedingt. Handfiltern gewinnt, wer dann aber hinterher ein Drittel weggießt, belastet die Öko-bilanz. Bei Einsatz einer Kaffeemaschine sollte das Getränk nicht ewig warm gehalten werden – das kann 50 Prozent des Stromverbrauchs eines Aufgusses ausmachen. Beim Wasser sind Kapseln unschlagbar: 90 Prozent werden zu trinkferti-gem Kaffee umgesetzt, kaum etwas verdampft.

Vor allem aber gilt es, die gesamte Umweltbilanz des Pro-dukts im Blick zu behalten. Der Ökologie-Experte Roland Hischier von der Schweizer Materialprüfungs- und For-schungsanstalt Empa sagt, dabei komme es weniger auf die Verpackung als auf die Anbaubedingungen auf den Planta-gen an. Auf Maschinen, Düngemittel, Pestizide, Wasserver-brauch. Im schlimmsten Fall verantworte der Anbau rund 70 Prozent der Umweltlast, im besten Fall ein Prozent. Des-halb: nachhaltig angebauter, fair gehandelter Biokaffee ge-winnt! Den liefern auch Kapselproduzenten.

14

EISBECHER ODER WAFFEL?

Die Sünde türmt sich bedenklich hoch in unserem Küchenschrank: blaue Plastikschälchen mit gewelltem Rand, die einmal Spaghetti-Eis enthielten. Im Eiscafé »Venezia« in unserem Ort schmeckt es besonders köstlich. Über Jahre lieferte Inhaber Nelson Anjos es nur in solchen umweltbelastenden Gefäßen aus. Wie selbstverständlich legte er einen Plastiklöffel dazu. Inzwischen hat er neue Becher aus Pappe und aus Zuckerrohr angeschafft. Dazu Löffel aus Mais-Bioplastik. »Die verdrehen sich in der heißen Spülmaschine«, sagt er grinsend.

Die Deutschen verzehren pro Jahr im Durchschnitt 114 Kugeln Eis. Jeder siebte kauft sich mehrmals pro Monat etwas an Kühltheken und Softeisautomaten »auf die Hand«. Die frostige Gaumenfreude produziert eine kurze Sinnenfreude – und Berge von Müll. Bei der Ökobilanz von Eis sind sich Experten in einem Punkt einig: »Wird die Waffel mitgegessen, dann ist sie aus Umweltsicht unschlagbar«, sagt Thomas Fischer, Bereichsleiter Kreislaufwirtschaft bei der Deutschen Umwelthilfe (DUH). Klar, die besteht in der Regel nur aus Mehl, Zucker, Stärke, Salz, Fett sowie einigen geheimen Zutaten. Der Teig wird bei rund 200 Grad gebacken und dann auf einem Dorn zur Tüte gerollt. Alles ökologisch unbedenklich.

56

Nur: Waffeln sind nicht die Regel. Im Café »Venezia« wählt die Mehrheit einen Becher. Und wenn doch Schlabbertüte, dann landet ein Großteil davon im Abfall, weil sie nicht jedem schmeckt. Ein Blick in die Mülleimer rund um die Eisdiele bestätigt das.

Waffeln funktionieren auch nur bei reinen Kugeln gut. Es gibt zwar auch Waffelschälchen für feuchtere Spezialitäten wie Spaghetti-Eis, Banana-Split oder den Früchtebecher. Doch höchstens zehn Prozent von Anjos' Kunden verlangen danach. Die anderen haben wohl Angst, die Komposition könnte durch das Gebäck suppen – und nehmen lieber Pappbecher. Diese hält DUH-Fachmann Fischer für ähnlich bedenklich wie beim Kaffee to go: »Was man auf den ersten Blick nicht sieht: Die Pappbecher sind mit Plastikfolie ausgekleidet. Das führt nicht nur zu erhöhten Umweltauswirkungen in der Herstellung, sondern auch zu Mikroplastik in der Umwelt.« Die Herstellung der Pappe benötige zudem viel Wasser, Chemie und Energie.

Lande das kunststoffbeschichtete Gefäß im öffentlichen Mülleimer, werde es verbrannt. »Die zur Herstellung eingesetzten Ressourcen gehen unwiederbringlich verloren«, sagt Fischer. Aber auch die Entsorgung im Gelben Sack führe nicht zum gewünschten Recyclingergebnis: »Mit kunststoffbeschichtetem Papier können die Recycler nichts anfangen, und daher wird das Zeug ebenfalls verbrannt.«

Schneiden Biobecher und -löffel besser ab? Fischer sagt: »Nein! Die biologische Abbaubarkeit bezieht sich in der Regel auf industrielle und labortechnische Bedingungen und nicht auf solche in der Umwelt. Landet ein Bioplastikbecher in der Natur, dann bleibt er dort ähnlich lange liegen wie solche aus fossil basiertem Kunststoff.« Außerdem werde Bioplastik häufig aus gentechnisch manipuliertem Mais aus den USA oder aus brasilianischem Zuckerrohr produziert. »Wenn dann noch Pestizide, Herbizide und Düngemittel eingesetzt werden, wird schnell klar, dass der ökologische Rucksack groß ist und man von diesen Produkten aus Umweltgründen die Hände lassen sollte.«

Auf Dauer wird es nur einen Weg geben, um Müll zu vermeiden und Ressourcen zu schonen: Auch Eisdieler müssen auf Mehrweg und Pfandsysteme umsteigen. Anbieter wie Vytal und Faircup bieten solche alternativen Gefäße an, die Hunderte Male wiederverwendet werden können.

In die Eisdiele »Venezia« kann man auch sein eigenes Gefäß mitbringen. Meinen Stapel Plastikbecher darf ich aber dort nicht abgeben, damit sie Anjos für andere Kunden wiederverwenden kann. Das ist aus Hygieneschutz gesetzlich untersagt. Ich könnte darin ja mal einen Pinsel ausgewaschen haben.

15

MINERALWASSERFLASCHE
ODER WASSERHAHN?

Die Versuchung ist grün. Wasabigrün. Hinten im Getränke-markt steht sie. Sechs Plastikflaschen umhüllt von einem Hauch Folie. Neun Liter pure Erfrischung. Bereits der Gedanke da-ran kitzelt den Gaumen. Etwas Kühles im Mund, ein Prickeln auf der Zunge, ein Glas Mineralwasser kann in heißen Zei-ten ziemlich cool sein. Wen interessiert schon Aperol Spritz?

Prompt meldet sich im Kopf das grüne Teufelchen. Mine-ralwasser kaufen, ist das okay? Wasser spendiert daheim doch der Kran. Meinte die ehemalige Umweltministerin Svenja Schulze (SPD): »Es kann nicht sein, dass wir jeden Monat ein Milliarde Plastikflaschen produzieren. Das ist einmal bis zum Mond. Dabei haben wir das beste Trinkwasser, das kann man so aus der Leitung trinken.« Was also trinken: Mineral-oder Leitungswasser?

Auf den ersten Blick spricht viel für das Eau de Hahn. Leitungswasser muss man nicht abfüllen und nicht transpor-tieren. So wird Energie gespart, das ist gut fürs Klima, und dass der Rücken geschont wird, gibt's gratis dazu. Anderer-seits: Bevor der Stoff aus der Leitung genießbar ist, muss er aufbereitet werden. Leitungswasser entstammt oberflächen-

59

nahem Grundwasser, Seen oder Flüssen. Und 52 Prozent aller Grundwasservorkommen sind laut Umweltbundesamt (UBA) in schlechtem Zustand, chemisch betrachtet.

Es wird gefiltert, enthärtet und UV-Licht eingesetzt, um Wasser trinkbar zu machen. Das klappt gut. Die Anforderungen werden laut UBA zu mehr als 99 Prozent erfüllt: Deutschland kann Trinkwasser.

Wie es aber auch die Mineralwasser-Lieferanten können. Ihr Produkt wird nicht aufbereitet, sondern besitzt eine »ursprüngliche Reinheit«, wie die Vorschriften festlegen. Konkret stammen die 500 hiesigen Mineralwässer aus tiefen, abgeschotteten Quellen. Weil stets gefördert wird, fließt eventuell verunreinigtes Wasser nach, und so finden sich auch Schadstoffe. Aber selten. Die Stiftung Warentest hat 2023 wieder Produkte geprüft, die meisten waren mikrobiologisch rein, hier und da fanden sich leichte Verunreinigungen.

Gleichstand für Mineral- und Leitungswasser, was Reinheit angeht. Aber: Die 6000 deutschen Wasserwerke liefern den Stoff nur vor die Haustür. Bis das Wasser im Glas schwappt, reist es durch Rohre. Sind sie neu oder alt? Enthalten sie Blei? Wer den Hahn 30 Sekunden laufen lässt, bevor er das Glas füllt, senkt das Risiko von Verunreinigungen stark, meint das Institut Fresenius.

Bleibt die Klimafrage. Das Beratungsunternehmen ESU-Services hat eine Ökobilanz für Leitungs- und Mineralwasser aufgestellt, und so gibt es – Tusch – einen Klimahelden. Für einen Liter Leitungswasser sind nur 0,3 Milliliter Erdöl-Äquivalente nötig, für Mineralwasser 100 bis 300 Milliliter, je nach Flasche und Transportweg.

Noch ein Vorteil ist der Preis. Ein Liter Kran kostet im Schnitt nur 0,2 Cent, Mineralwasser bei den Discountern

17 Cent. Wer zu Hause Perliges trinken will, kann zu Sprudelgeräten greifen. Sie schonen das Klima, weniger den Geldbeutel. Laut Stiftung Warentest kostet das selbst Gesprudelte mehr als das aus dem Supermarkt. Die Vorteile des Kranwassers haben sich offenbar herumgesprochen. 2022 tranken die Deutschen pro Kopf nur noch 130 Liter Mineralwasser, 2018 waren es 147,7 Liter.

Wer auch zu Hause beim Flaschensprudel bleiben will, sollte einige Regeln beachten: eher Mehrweg statt Einwegflasche, eher naher Brunnen als ferner, Glas oder PET-Flasche ist dann nicht so wichtig. Soll es Wasser aus Italien sein, bitte in großen Plastikflaschen. Sie sind leichter zu transportieren. Das wasabigrüne Gebinde geht ausnahmsweise. Na dann, Prost.

16

BLUMENLADEN ODER TANKE?

In Deutschland gehört es zum guten Ton, einen Blumenstrauß mitzubringen, wenn man irgendwo eingeladen ist. Über drei Milliarden Euro geben wir jedes Jahr für solch mobile Buketts aus – macht statistisch etwa 37 Euro pro Einwohner. Erwerben lässt sich die Ware rund um die Uhr. Ist der kleine Blumenladen geschlossen, bieten Supermärkte und Tankstellen gefällige Konfektionsware aus dem Plastikeimer. Schon ab 1,99 Euro gibt es dort zehn Röschen. Was aber wenige wissen: Nur selten sind die Pflanzen auf heimischen Beeten groß geworden. Und wenn, dann wird das meist auf der Einwickelfolie als Besonderheit gefeiert – etwa mit dem grünen »Ich bin von hier!«-Logo.

Aber rund 85 Prozent der Schnittblumen werden importiert und zum Teil über Tausende Kilometer mit dem Flugzeug herbeigeschafft. Vor allem die beliebten Rosen stammen überwiegend aus Afrika oder Lateinamerika. Europäische Großhändler kaufen sie ein und liefern sie weiter an Einzelhändler. 10 bis 15 Cent pro Rose – mehr ist nicht drin. Fast der gesamte Warenverkehr wird über die Niederlande abgewickelt.

Wie lässt sich bei diesen Strecken ein Preis von 1,99 Euro erklären? Zum einen landet an der Tanke oder beim Discounter oft günstige Ausschussware, die Floristen verschmähen. Vor allem aber zahlen die Arbeiter und die Natur in den Anbaugebieten den wahren Preis für unsere floralen Schnäppchen. Der Verein Transfair, der das »Fairtrade«-Siegel für einen gerechten Handel vergibt, studiert die Lage intensiv vor Ort, etwa am kenianischen Lake Naivasha, wo sich die größte Rosenfarm der Welt befindet. Die Kölner sagen: »In den sogenannten Entwicklungsländern werden die Arbeitsbedingungen von niedrigen Löhnen, schlechten Arbeitsbedingungen und hohem Einsatz von zum Teil hochgiftigen Pflanzenschutzmitteln bestimmt.«

Was überrascht: Bei Fertigung in Europa fällt die Ökobilanz nach Ansicht von Experten nicht zwingend besser aus. Laut dem Schweizer Umweltnetz verursachen die Produktion und der Transport eines Kilos konventioneller holländischer Rosen knapp 25 Kilogramm CO_2. Das seien etwa 40 Prozent mehr als für ein Kilogramm des von Klimaschützern gescholtenen Rindfleischs. Ist damit das in unzähligen Schnulzen gefeierte Gewächs, das über 40 Prozent Marktanteil aufweist, als Klimasünder entlarvt, sobald es importiert wird? Sollte man Rosen nur beim Gärtner um die Ecke kaufen?

Nicht unbedingt, rät die Zeitschrift »Öko-Test«. Denn wenn man auf einen fairen Handel und Anbau achte, »müssen regionale Blumen nicht immer die beste Wahl sein«. Vor rund sechs Jahren haben der Migros-Genossenschafts-Bund und Fairtrade International die Umweltverträglichkeit von fair gehandelten Schnittrosen aus den Niederlanden, Kenia und Ecuador hinsichtlich Umweltfaktoren wie Energie, Transport sowie Verpackung verglichen. Ergebnis: Die Ökobilanz fiel ausgerechnet für die Weitgereisten erfreulich aus, vor allem weil ideale klimatische Bedingungen beheizte Treibhäuser überflüssig machen. Fair gehandelte Rosen aus Kenia kamen auch mit deutlich weniger Pestiziden aus als konventionelle Produkte. Wichtig also: Es kommt aufs Siegel an. »Fairtrade« steht für sehr hohen Schutz von Arbeitern und Natur. Ein Teil der Erlöse fließt in nachhaltige Gemeinschafts- und Sozialprojekte der Produktionsländer. Andere Organisationen wie »Flower Label Program« kontrollieren immerhin die Produktionsbedingungen.

Bundesweit führen derzeit rund 22 000 Läden fair gehandelte Blumen. Trotzdem liegt ihr Marktanteil in Deutschland erst bei 30 Prozent. Umweltschützer sagen: Es geht auch anders. Warum nicht regionale und saisonale Topfblumen mitbringen, die nicht im Gewächshaus groß geworden sind und damit keinen so großen CO_2-Fußabdruck mitschleppen? Länger haltbar sind die Pflanzen allemal.

17

REIS ODER NUDELN?

Die Zwiebeln brutzeln in der Pfanne, das Messer schnippelt Knoblauch klein, etwas Chili und dann die Tomaten. Die Sauce köchelt ihrem Gipfel entgegen. Nur was dazu? Pasta oder Reis? Beides soll dick machen – aber was ist schädlicher für die Umwelt?

Knapp die Hälfte der Menschheit isst vorrangig Reis, vor allem in Asien, wo sie pro Kopf fast 150 Kilo im Jahr vertilgen (Deutschland: sechs Kilo) und dem Getreide göttliche Bedeutung zuschreiben. In Japan soll der Reis aus den Augen einer Göttin getröpfelt sein, in China aus den Brüsten einer Göttin, zum Jahreswechsel sagen Chinesen nicht: »Frohes neues Jahr«, sondern: »Möge dein Reis nie anbrennen.«

Oryza, so der Gattungsname, enthält Vitamine, Mineralstoffe und Kohlenhydrate – oft aber auch Schadstoffe wie Arsen, Schwermetalle oder Pestizide. Schuld ist der »nasse« Anbau, bei dem die Wurzeln der Pflanze im Wasser stehen. Ist es durch Schadstoffe belastet, so gelangen diese auch in die Körner. Die Zeitschrift »Öko-Test« prüfte 2023 21 Reisprodukte und fand immer weder Spuren von Pestiziden, Arsen und anderen »besorgniserregenden« Stoffen.

Die Vollkornvariante ist in dieser Hinsicht übrigens nicht

besser, sondern schlechter. Es ist eine Crux: Wer die vielen Mineralien, Vitamine und Ballaststoffe will, die in der Haut um das Korn sitzen, der muss damit leben, dass etwas größere Mengen von Schadstoffen enthalten sein können als bei geschältem Reis. Parboiled Reis (»partially boiled«, teilweise gekocht) ist da nicht besser. Das Korn wird dafür gewässert, gedämpft und dann geschält – so wandert Gutes und Schlechtes von der Haut ins Korn.

Der nasse Anbau braucht zudem viel Wasser, zwischen 3000 und 5000 Liter für ein Kilo Reis. Und es entsteht Methan, weil sich an den gewässerten Pflanzen Mikroorganismen abarbeiten. Methan ist für das Klima 20-mal schädlicher als Kohlendioxid, weshalb der Reis als das Rindfleisch unter den Beilagen gilt. Trocken lässt er sich auch anbauen, aber dann ernten die Bauern weniger und müssen mehr zur chemischen Keule greifen.

Spricht also alles für Nudeln, von denen die Deutschen im Jahr etwa zehn Kilo pro Kopf essen? Moment. Spaghetti werden oft aus Hartweizen gemacht, doch der reist häufig aus Kanada und den USA an, was den Himmel mit Kohlendioxid füllt. Dünger und Pflanzenschutzmittel braucht er auch, mitunter schlummern in der Pasta Schadstoffe wie Glyphosat oder Schimmelpilzgifte. Je 20 Sorten Fussili und Spaghetti prüfte »Öko-Test« 2023, hier tauchten bei einigen Glyphosat, Schimmelpilzgifte und Mineralölbestandteile auf.

Die Sache mit dem Vollkorn funktioniert bei Nudeln ähnlich wie beim Reis. Bei Vollkorn wird das gesamte Korn gemahlen, und weil Vitamine, Ballaststoffe, aber auch Schimmelpilzgifte in der Haut um das Korn sitzen, gelangt Gutes wie Schlechtes ins Mehl.

Wer vor allem auf die Inhaltsstoffe achtet, sollte eher zu Biowaren greifen und Vollkornnudeln und -reis seltener verwenden.

Klimatechnisch schneiden Nudeln trotz des Weizentransports gut ab. Laut dem Institut für Energie- und Umweltforschung in Heidelberg verursachen 200 Gramm Reis 610 Gramm CO_2, 200 Gramm Nudeln nur 90 Gramm. Irgendwann könnte der Reis aufholen, und das wäre gut, weil er für Milliarden von Menschen Nahrungsmittel und Existenzgrundlage ist. Umweltorganisationen, Agrarfirmen und Nahrungsmittelkonzerne haben eine Plattform namens SRP für nachhaltigen Reis geschaffen. Die Bauern erhalten mehr Geld und müssen den Reis nachhaltiger anbauen, etwa indem sie Felder öfter trocken liegen lassen, sodass nur halb so viel Methan frei wird.

Wer Reis essen und Schadstoffe möglichst vermeiden will, sollte die Körner ausgiebig waschen und mit viel Wasser kochen. Der britische Starkoch Nigel Slater hat das ritualisiert; bevor er seinen Reis aufsetzt, spült er ihn stets dreimal. Waschen als Zeremonie. Vielleicht also doch ein bisschen Reis zum leckeren Sugo. Wo ist bloß der Basmati?

18

SPÜLMASCHINE ODER HANDSPÜLEN?

Neulich eröffnete mir mein Sohn, er schaffe sich einen Geschirrspüler an. Er lebt mit seiner Freundin in einer kleinen Studentenwohnung. Ich fragte mich und ihn: Lohnt sich das für zwei Leute, die fast immer in der Mensa essen? Immerhin kostet das Gerät einige Hunderter. Und ist Handspülen bei den wenigen Tellern und Tassen nicht klimafreundlicher?

Vor rund 13 Jahren schien die Frage endgültig geklärt zu sein: Die Maschine, hieß es, sei dem Menschen stets überlegen. Das besagte eine Vergleichsstudie der Universität Bonn. 200 Haushalte in Deutschland, Italien, Schweden und Großbritannien hatten daran teilgenommen. Das Ergebnis: Der Geschirrspüler spart gegenüber der Handwäsche durchschnittlich 50 Prozent Wasser und 28 Prozent Strom.

Dann wurde Kritik an der Untersuchung laut – schon weil sie von der Hausgeräteindustrie bestellt worden war. Das Ökoinstitut bemängelte, die »graue« Energie, die für die Produktion des Geräts anfalle, sei nicht einberechnet worden. Und der penible Bund der Energieverbraucher hielt dagegen, dass Spülen von Hand unter idealen Bedingungen sogar »bis zu 70 Prozent weniger Energie, Spülmittel und Gesamtkosten und etwa gleich viel Wasser« verbrauche.

Tatsächlich verändert sich die Ökobilanz der Spülarten drastisch, wenn man den Lebenszyklus des Apparats einbezieht. Bevor eine Spülmaschine zum ersten Mal läuft, hat sie schon jede Menge CO_2-Emissionen verursacht. Der Bund der Energieverbraucher schätzt, dass im Durchschnitt rund 1000 Kilowattstunden Strom nötig sind, um ein Gerät zu produzieren, zu transportieren und am Lebensende zu entsorgen. Damit allein könnte man eine moderne Spülmaschine rund drei Jahre lang betreiben. Beim Handspülen müsste höchstens die graue Energie für Spülbürste und Schwamm addiert werden – die eher gering ausfällt.

Ein weiterer wichtiger Vergleichsfaktor lautet: Wie wird das Wasser erhitzt? In der Spülmaschine geschieht das in der Regel mit Strom. Je nachdem aus welcher Quelle er stammt, belastet der Spülvorgang das Klima unterschiedlich stark. Ist es Braunkohlestrom, werden laut Weltklimarat pro Kilowattstunde – was in etwa einem Spülgang in einer herkömmlichen Maschine gleichkommt – 1150 Gramm CO_2-Äquivalent in die Luft geblasen. Bei Windstrom sind es nur 86 Gramm.

Den größten Einfluss auf die Ökobilanz nimmt aber der spülende Mensch selbst. In einer weiteren Studie verzeichnete die Uni Bonn eklatante Unterschiede. Manche Testpersonen luden den Geschirrspüler nicht voll oder reinigten das Geschirr unter fließendem Wasser vor, statt Essensreste nur abzuwischen. Die unbedachtesten Handspüler hielten das Geschirr direkt unter den heißen Wasserstrahl und dosierten das Spülmittel direkt auf Bürste oder Schwamm. Andere gönnten sich vier Spülgänge in vollen Becken, inklusive Vor- und Klarspülen. Sparsame Handwerker dagegen bezogen ihr

Spülwasser aus einem hocheffizienten Gas-Durchlauferhitzer. Unterm Strich kamen die besten Spüler mit 0,2 Kilowattstunden Strom und 14 Liter Wasser für eine Spülmaschinenladung aus, die schlechtesten benötigten 16,6 Kilowattstunden und 447 Liter. Zum Vergleich: Eine Spülmaschine brauchte damals ein bis zwei Kilowattstunden Strom und 15 bis 22 Liter Wasser.

Heute wird es immer schwieriger, Spülmaschinen zu schlagen. Geräte der Effizienzklasse A begnügen sich mit rund sieben Liter Wasser und einer halben Kilowattstunde Strom. Sie enthalten Sensoren, die das Wasser auf seine Trübung prüfen und so die Dosierung exakt steuern.

Übrigens: Handspülmittel schneiden in der Bilanz besser ab als chemisch-aggressive Pulver und Tabs, schon weil es inzwischen viele gute Bio- und Ökoprodukte gibt. Menschen, die älter sind als mein Sohn, erinnern sich: Schon Kosmetiksalontante Tilly aus der Palmolive-Reklame badete 26 Jahre lang Kundinnenhände darin.

19

TETRAPAK ODER MEHRWEGFLASCHE

Oft überfällt mich ein mulmiges Gefühl, wenn ich einen Supermarkt betrete: Welch ein Irrsinn, diese vielen Verpackungen! Sie alle landen, einmal benutzt, im Abfall. Rund 19 Millionen Tonnen fallen in Deutschland pro Jahr an. Etwa 230 Kilogramm pro Kopf. Vom Plastikmüll aus dem gelben Sack wird rund ein Drittel nicht recycelt, sondern verbrannt. Eine gigantische Ressourcenverschwendung.

Jammern nützt aber nichts. Denn klar ist: Eine verpackungsfreie Konsumgesellschaft gibt es nur im Fantasialand – auch wenn sie sinnvoll wäre. Wir Verbraucher streben nicht einmal danach: Obwohl immer mehr Spezialsupermärkte öffnen, die unverpackte Ware anbieten, wachsen die Müllberge weiter. Daher ist es sinnvoller, umzudenken und für Verpackungen eine Kreislaufwirtschaft anzustreben. Das bedeutet: Sie dürfen bei der Herstellung die Umwelt kaum belasten und sollten möglichst wiederverwendet werden können oder so gut recycelbar sein, dass aus ihnen erneut hochwertige Ressourcen entstehen. Die Recyclingindustrie macht in diesem Sektor gerade große Fortschritte.

Aber welche Verpackung kommt diesem Ziel am nächsten?

Was soll man kaufen? Vor den Getränkeregalen wird die Wahl besonders schwierig. Glas-Mehrwegflaschen, Plastikeinwegflaschen und Verbundstoffkarton, oft pauschal »Tetrapak« genannt, sind im Angebot. Oft mit marktschreierischen Aufdrucken, als seien sie Natur pur.

2019 überraschte das renommierte Heidelberger Institut für Energie und Umweltforschung (Ifeu) mit der Aussage: »Frischmilch im Karton besser als in Pfandflaschen«. Grund sei der hohe Holzanteil aus der nachhaltigen Forstwirtschaft. Die Ökobilanz löste umgehend Widerstand aus. Die Deutsche Umwelthilfe (DUH) monierte, die Datenbasis sei unzureichend. Auch das Umweltbundesamt empfahl eine erneute Prüfung – das Ergebnis fiel dann ähnlich positiv aus. Der »Fachverband Kartonverpackungen für flüssige Nahrungsmittel« (was es nicht alles gibt!) jubelt deshalb: »Der Getränkekarton ist – gesamtökologisch betrachtet – mindestens genauso gut wie Glas-Mehrwegflaschen. Er liegt deutlich vor Einweg-Plastikflaschen, auch dann, wenn diese zu einem hohen Anteil recycelt werden und Rezyklate enthalten.«

Das klingt nach einer befreienden Nachricht für Verbraucher, zumal die Kartons leicht zu tragen, zu lagern und zu entsorgen sind. Mit diesem Ergebnis im Rücken startete der Verpackungskonzern Tetra Pak 2021 eine selbstsichere Werbekampagne »Natürlich. Karton«. Und trieb damit die DUH-Experten endgültig auf die Zinne. »Dreistes Greenwashing« warfen sie Tetra Pak vor. In Wirklichkeit bestünden die Getränkekartons nicht vorwiegend aus Recyclingpapier, sondern aus Neufasern, enthielten viel Plastik und würden nach Berechnungen der DUH nur zu 30 Prozent recycelt – und nicht zu 75 Prozent, wie Tetra Pak behauptet.

Auch das Duale System Deutschland (DSD), Erfinder des Grünen Punkts, der mit anderen Unternehmen die Wiederverwertung per gelbem Abfallbehälter bewerkstelligt, ist skeptisch gegenüber Verbundstoffen aus Papier und Kunststoff. Es gebe gar nicht genug Recyclingkapazität. Deswegen werde viel Material ins Ausland verbracht. Dort lasse sich nur schwer nachvollziehen, was damit passiere.

Bei anderen Naturschützern fällt das Urteil milder aus. Der NABU schreibt auf seiner Webseite: »Der Getränkekarton ist zwar Einweg, gilt aber dennoch als ökologisch vorteilhaft. Die Hauptgründe für die positive Bilanz des Getränkekartons sind hohe Recyclingquoten, ein hoher Anteil nachwachsender Rohstoffe und das geringe Gewicht der Kartons beim Transport.«

Die Meinungsvielfalt macht deutlich: Ökobilanzen sind angreifbar, weil es darauf ankommt, welche Parameter man einbezieht und ob man die gesamte Verwertungskette betrachtet. Aber sie liefern eine Tendenz. Bei Getränken sind sich DUH und NABU am Ende einig. Ihre Kaufempfehlung: Mehrwegflaschen aus der Region.

20

METZGERTHEKE ODER LABORFLEISCH?

Sieht ein Kuhstall bald so aus? Drei Düsen fahren über eine polierte Platte, spucken rote und weiße Fäden aus. Ein buntes Knäuel wächst heran. Das israelische Start-up »Redefine Meat« zeigt in einem Video, wie ein 3-D-Drucker ein Steak ausdruckt. Das Fleisch der Zukunft. Kühe, Schweine oder Hühner sollen nicht mehr gemästet und geschlachtet werden. Das Steak entsteht im Labor. »In-vitro-Fleisch« nennen es manche. Oder, böse: »Frankensteinfleisch«. Es soll weniger Klimagase freisetzen, weniger Tieren Leid zufügen und weniger Weidefläche benötigen. Aber stimmt das auch?

Ein abschließendes Urteil fällt schwer. Gastronomie und Handel führen noch kaum Laborfleisch. Weltweit bieten es nur wenige Restaurants an, einige in Israel, eines in Singapur, der noble Club »1880«. Dort lockt künstliches Hühnchen in Sesammantel auf gedämpfter Teigtasche. Kostet 14 Euro, aber nur für Clubmitglieder – Monatsbeitrag: 4400 Euro.

Wann wir alle Laborfleisch essen dürfen, ist unklar. Bereits vor über zehn Jahren präsentierte Mark Post, ein Professor für Gefäßphysiologie, den ersten Kunst-Burger. Testesser fanden ihn trocken, vor allem aber teuer. Die Zubereitung kostete 250 000 Euro. Stets soll seitdem der Marktdurchbruch

74

kurz bevorstehen, doch Silvia Woll vom Karlsruher Institut für Technikfolgenabschätzung und Systemanalyse, die sich seit Jahren Laborfleisch widmet, ist skeptisch. Schon zu lange heiße es: Marktreife in zwei bis fünf Jahren.

Grundsätzlich funktioniert das Kunstprodukt schon. Man entnimmt Kühen oder Hühnern Stammzellen, lässt sie in einer Nährlösung reifen und erhält nach einigen Wochen das Gewebe. Es ist kein Soja- oder Weizenimitat, sondern ähnelt Hackfleisch oder Wurst. Steaks oder Schinken nachzubauen ist komplizierter. Fleisch besteht aus Muskeln, Bindegewebe, Wasser und Fett, die sich vereinen, was in einer Nährlösung kaum gelingt. Im Anfangsbeispiel versuchen die Wissenschaftler, diese Hürde zu meistern, indem sie getrennt gezüchtetes Gewebe mittels eines 3-D-Druckers vereinen.

Ein Problem ist auch die Nährlösung, in der die Stammzellen reifen. Bislang benutzte man dafür Serum aus dem Blut ungeborener Kälber. Ein sehr schmerzhaftes Verfahren, weshalb Laborfleisch kaum als »clean meat«, als ethisch saubere Fleischalternative gelten kann. Wissenschaftler arbeiten aber inzwischen an Lösungen aus Pilzen und Algen.

Trotz der Probleme glauben viele an das Kunstfleisch. Die üblichen Geldgeber der weltweiten Start-up-Szene, Microsoft-Erfinder Bill Gates, Weltraumchauffeur Richard Branson oder Google-Gründer Sergey Brin stecken Millionen in die Technik, wie auch Staatsfonds aus China und Singapur. Selbst der deutsche Geflügelkonzern PHW (»Wiesenhof«) mischt mit. Sie haben gute Gründe. Der Fleischverbrauch wird bis zum Jahr 2050 zwischen 60 und 85 Prozent zunehmen, zehn Milliarden Menschen werden dann wohl auf dem Planeten leben. Besonders in ärmeren Ländern haben die

Menschen Nachholbedarf. Verglichen zur herkömmlichen Landwirtschaft kann Laborfleisch eine Alternative sein, weil Wachstumshormone und Rückstände von Antibiotika vermieden werden.

Bleibt die Ökobilanz. Viel lässt sich noch nicht sagen, weil keiner weiß, wie die Massenproduktion und die Lieferketten ausfallen. Silvia Woll verweist auf den hohen Energieverbrauch, um die Nährlösung über Wochen auf gleicher Temperatur zu halten. Beim Ausstoß von Treibhausgasen schneidet nach einer Studie des Umweltbundesamts Laborfleisch besser als Rindfleisch ab, aber schlechter als Huhn und Schwein. Bei Sojaprodukten werden noch weniger Klimagase ausgestoßen. Manche Experten empfehlen deshalb, direkt Pflanzen zu essen. Wer auf Chicken Nuggets steht, kann es mit einer Variante probieren, in der Tofu oder Austernpilze in Bröseln gewälzt werden (Rezepte bei den Foodbloggern @fitgreenmind oder @veganfeedgram). Schmeckt nicht ganz wie Hühnchen – Barbecuesauce hilft.

SCHWEIN LIEGT VORN

Die Deutschen verzehren fast doppelt so viel Fleisch wie der Weltdurchschnitt (42,8 Kilogramm)

	Durchschnittler Verbrauch in Kilogramm pro Kopf				
	Geflügel	Schwein	Rind	Sonstige	Insgesamt
Deutschland	18,3	44,0	14,6	1,8	78,7

Quelle: Statistisches Bundesamt; www.destatis.de/DE/Themen/Laender-Regionen/ Internationales/Thema/landwirtschaft-fischerei/tierhaltung-fleischkonsum/_inhalt.html; Stand Juli 2024.

21

BUTTER ODER MARGARINE?

Nein, heute geht es nicht um den guten Geschmack. Die einen schwören auf Butter, die anderen auf Margarine. So ist es nun einmal. Ernährungswissenschaftler sagen: Gesundheitlich betrachtet ist es ziemlich egal, was man als Brotaufstrich, zum Kochen oder Backen verwendet. Der Fettgehalt liegt bei beiden zwischen 80 und 90 Prozent. Empfehlung: genießen – aber in Maßen!

Bei der Ökobilanz gibt es allerdings erhebliche Unterschiede. Beginnen wir mit der Margarine. Das Wort stammt vom griechischen »Margaron« ab, was »Perle« bedeutet. Genauer wäre »Kunstperle«. Denn Margarine ist ein Laborprodukt, eine Emulsion aus gehärteten und ungehärteten Fetten mit Wasser oder Magermilch. Die Basis ist pflanzlich, es kommen Öle zum Einsatz, gewonnen aus Sonnenblumenkernen, Baumwollsaat, Erdnüssen, Raps. Zuweilen werden auch tierische Fette genutzt. Dazu: Säuerungsmittel wie Milch- und Zitronensäure oder Joghurtkulturen. Und Farbstoff wie Betacarotin – sonst würde die Kunstbutter nicht wie Echtbutter aussehen. Manchmal wird auch Palmöl beigemischt, das einen miesen Ruf hat, weil Ölpalmen gern in Monokulturen angepflanzt werden, für die wertvoller Regenwald gefällt wurde.

77

Ein Kilogramm Margarine belastet die Umwelt mit gut 0,7 Kilogramm Kohlendioxid. Die Zahl stammt von Forschern des Johann Heinrich von Thünen-Instituts, das zum Bundesministerium für Ernährung und Landwirtschaft gehört. Rund 3,5 Kilogramm verbrauchen wir Deutsche pro Kopf und Jahr. Das verursacht etwa 2,4 Kilogramm CO_2. Etwa so viel Treibhausgas wird auch freigesetzt, wenn man mit seinem Benziner-Golf 17 Kilometer spazieren fährt. Also: überschaubar. Kein Grund für Margarinegenießer, sich als Klimakiller zu fühlen.

Ganz anders sieht es bei Butter aus. Philosoph Friedrich Nietzsche hat einmal konstatiert: »Ich lobe das Land nicht, wo Butter und Honig fließt.« Ökologisch betrachtet lag er zumindest bei der Butter goldrichtig. Denn – sie ist wohl das klimaschädlichste Lebensmittel in unserem Kulturkreis. 5,3 Kilogramm konsumieren wir pro Kopf und Jahr. Jedes Kilo sorgt laut Thünen-Institut für 25 Kilogramm CO_2-Emissionen. Das ist 35-mal mehr als bei Margarine. Aufs Autofahren umgerechnet entspricht das einer Fernreise mit dem Benziner von Flensburg nach Garmisch-Partenkirchen.

Die drastisch höheren CO_2-Äquivalente bei der Butter, die bekanntlich aus Milch gemacht wird, haben verschiedene Ursachen. Eine lautet: Ihre Herstellung beansprucht etwa doppelt so viel Landfläche wie die Produktion von Margarine. Denn bei gleichem Warenausstoß nehmen die Ölpflanzen nur etwa die Hälfte des Raums ein, den man für Futtermittel für die Kühe braucht. Und man benötigt sehr viele Kühe, um den Jahresweltbedarf von über elf Millionen Tonnen zu decken. Laut »Öko-Test« braucht es rund 18 Liter Milch für ein Kilo Butter.

Kühe stoßen außerdem eine Menge Methan aus – über 100 Kilogramm im Jahr pro Tier. Pflanzen furzen und rülpsen dagegen nicht. Und: Methan ist mehr als 20-mal klimaschädlicher als CO_2. Es wird zwar schon nach rund neun Jahren in der Atmosphäre wieder abgebaut – CO_2 braucht tausend Jahre und mehr. In dieser Zeit trägt es aber massiv zum Temperaturanstieg bei. Achtung Käseliebhaber, diese Erkenntnis gilt auch für eure Passion: je fetter der Käse, desto umweltschädlicher. Leider.

Butter muss zudem aufwendig gekühlt werden, beim Transport und zu Hause. Margarine lässt sich auch bei Zimmertemperatur über Wochen lagern. Bei der Verpackung liegt Margarine ökologisch eher zurück, denn der Plastiktopf ist energetisch deutlich anspruchsvoller als das einfache Wickelpapier.

Am Ende bleibt eine schlechte Nachricht für Vegetarier, bei denen Butter besonders hoch im Kurs steht: Mutter Natur, gebeutelt von Dürren und Überschwemmungen, würde wohl Margarine bevorzugen.

22

HEIZUNG ODER KAMINOFEN?

Die Flammen züngeln, es knistert und prasselt, langsam verwandeln sich die Holzscheite zu Glut, dann zu Asche. Einem Kaminfeuer zuzuschauen entspannt und begeistert, besonders wenn die Temperaturen fallen. Mehr als elf Millionen solcher Holzöfen stehen in deutschen Wohnungen. Der Fachmann spricht von »Einzelraumfeuerungsanlagen«, die meist Holz verbrennen. In der Regel werden sie zusätzlich zur Heizung betrieben. Des Feelings wegen. Aber wie gut sind sie für die Umwelt?

Auf den ersten Blick wirkt die Antwort übersichtlich. Verbrannt wird Holz, ein nachwachsender Rohstoff, und durch die Verbrennung wird nur so viel CO_2 frei, wie das Holz vorher gebunden hat. Wachsen Bäume und Sträucher nach, könnten sie das freigesetzte CO_2 wieder binden. Das klingt nach einem Nullsummenspiel. Leider nur auf den ersten Blick.

Denn Holz enthält Stickstoff-, Schwefel- und Chlorverbindungen, und wenn Scheite sich in Rauch auflösen, entstehen Stickstoff- und Schwefeloxid, Salzsäure, Ruß und Feinstaub. Brennt das Holz nicht richtig, weil etwa Sauerstoff fehlt, werden krebserregende Kohlenwasserstoffe, Kohlenmonoxid und Methan frei. Kohlenmonoxid ist giftig, schädigt Organe und kann zum Tod führen. Methan fördert die Erderwärmung über 20-mal stärker als CO_2. Werden gar mit Holzschutzmitteln oder Lack behandelte Scheite verheizt, können hochgiftige Dioxine und Furane entstehen.

Schlimm sind auch die Rußpartikel. Sie verstärken das Sonnenlicht, schwärzen Eis und Schnee bis in die Arktis. Die Polkappen schmelzen so schneller. Dann ist da der Feinstaub, er besteht aus einem Gemisch fester und flüssiger Partikel. Ofenfeinstaub enthält manchmal Dioxine, Teer oder Säuren und ist viel kleiner als herkömmlicher Feinstaub, den etwa Autos beim Bremsen erzeugen. Und weil er so klein ist, ist er gefährlich. Er dringt tief in die Lunge ein, schmuggelt sich in Blut oder Herz, Asthma und Bronchitis drohen, aber auch das Risiko für Herzerkrankungen, Schlaganfall oder Krebs steigt.

Klingt alles nicht gut für Freunde des Feuers. Holzöfen verbreiten laut Umweltbundesamt inzwischen mehr Feinstaub als die Motoren von Autos und Lastern. Verteilt über die Republik, auch in guten Wohnvierteln versteht sich, wenn die Betuchten winters ihr Holz anzünden. Das zeigen Messungen der Deutschen Umwelthilfe und anderer Experten. Vom »Reichen-Feinstaub« spricht der Meteorologe Jörg Kachelmann. In Baden-Württemberg ist die Belastung mittlerweile so groß, dass das Land bei einem Überschreiten der Feinstaub-Grenzwerte verboten hat, die Kamine anzuwerfen.

Einige Umweltverbände wollen Holzöfen sogar weitgehend verbieten – außer sie werden kräftig nachgerüstet. Die Gesetze verlangen bereits heute, ältere Öfen zu erneuern. Beispielsweise müssen Kamine, die zwischen 1995 und 2010 gebaut wurden, bis Ende 2024 ausgetauscht werden – wenn sie nicht den aktuellen Feinstaub- und Kohlenmonoxid-Grenz-werte einhalten. Doch den Umweltverbänden reichen die Vorschriften nicht, sie halten die tatsächliche Luftverschmut-zung für unterschätzt. Für die heimischen Stinker fordern sie Feinstaubfilter und eine automatische Luftregelung – ähnlich wie es das Zertifikat »Blauer Engel« für solche Öfen vor-schreibt. Der Feinstaubausstoß sinkt so um bis zu 90 Prozent.

Das ist vielen Politikern zu radikal. Sie wollen die Kamin-freunde nicht völlig kaltstellen, nur sanft an die Hand neh-men. Das Nachrüsten kostet mehr als tausend Euro. Für neue Holzöfen, so hat die Bundesregierung beschlossen, sind bald höhere Schornsteine nötig. Den Dachfirst sollen sie um min-destens 40 Zentimeter überragen. Dann wird der Dreck bes-ser verteilt.

Dem Kamin also abschwören? Das Umweltbundesamt empfiehlt, Holzöfen, die am besten den »Blauen Engel« tra-gen, »nur gelegentlich« zu benutzen. Und: möglichst trocke-nes, unbehandeltes Holz verfeuern! Sonst entsteht zu viel Feinstaub. Wem das alles zu aufwendig ist, sollte es mit einer Kaminfeuer-DVD für den Fernseher versuchen. Dann knis-tert und prasselt es, ohne Umwelt und Gesundheit allzu sehr zu schaden. Gibt es sogar als App.

23

RÜBE ODER ZUCKERROHR?

Neulich gab es selbst gemachten Milchreis. Ich könnte mich hineinlegen – köstlich! Am liebsten mag ich ihn mit einer dünnen Zuckerschicht, obwohl er schon beim Kochen gesüßt wurde. Ja, ich weiß: Zucker ist eine Droge. Zu viel davon macht krank. Höchstens etwa zehn Teelöffel am Tag – 50 Gramm – empfiehlt die Deutsche Gesellschaft für Ernährung. Über 90 Gramm schlucken wir tatsächlich. Aus reiner Lust – der Körper braucht dieses Kohlenhydrat nicht zum Überleben. Vor allem Richtung Weihnachten beginnt trotz aller Warnungen die Zuckerschleckerzeit. Es wird süß gekocht, gebacken und genascht, was die Magenschleimhaut aushält. Leise rieselt der Haushaltszucker. Der Herstellungsprozess ist aufwendig. Da lohnt es sich, auf die Ökobilanz zu schauen.

Der größte Teil der Ware stammt aus deutschen Zuckerrüben. Die Anbaufläche ist fast so groß wie Mallorca. Neun bis zehn Rüben braucht man, um ein Kilogramm reinen Zucker herzustellen. Das heißt: Jeder Durchschnittsdeutsche beansprucht etwa 30 Quadratmeter Ackerfläche, um seine Lust zu stillen. Das ist nicht unbedingt eine schlechte Nachricht. Laut dem Landwirtschaftlichen Kreisverband Lippe erzeugt ein Hektar Zuckerrüben etwa 26 Tonnen Sauerstoff und bindet rund 35 Tonnen Kohlendioxid. Das sei 2,5-mal mehr, als ein Wald leisten könne, freut sich der Vorsitzende.

Der Transport in die Zuckerfabrik ist dagegen wenig nachhaltig. Der Wettbewerb ist hart, die Konzerne haben ihre Standorte stark reduziert, um die Margen zu sichern. 2023 gibt es in Deutschland nur noch 18 Produktionsstätten, die von gut 23 300 landwirtschaftlichen Betrieben beliefert werden.

Fanden die Bauern früher in unmittelbarer Nähe eine Zuckerfabrik, sind sie oder ihre Transportdienstleister nun manchmal über 100 Kilometer unterwegs, um ihre Ernte loszuwerden – und zwar mehrfach. Die Dieselzugmaschinen setzen große Mengen CO_2 frei.

Die Bundesanstalt für Landwirtschaft und Ernährung sieht diese Entwicklung doppelt kritisch: »In mehreren Bundesländern haben einzelne Anbauregionen trotz guter Eignung zum Zuckerrübenanbau (ausreichende Sonneneinstrahlung, strukturstabile, tiefgründige, steinfreie Böden mit gutem Wasser- und Nährstoffnachlieferungsvermögen) aus logistischen Gründen (Entfernung zum Verarbeitungsstandort) die Produktion aufgeben müssen.« Das heißt: Die heutigen Anbauflächen müssen im Durchschnitt mehr gewässert und gedüngt werden.

Die Produktion des Zuckers fällt dagegen nachhaltig aus. Das beteuern jedenfalls die Produzenten. Das Wasser, das für die Zuckerherstellung benötigt wird, stammt aus der Rübe selbst, die zu rund 80 Prozent daraus besteht. Fast nichts von der Pflanze wird weggeworfen, die Reste werden zu Rübenschnitzeln (Futter), Melasse (Futter und Nährsubstrat) oder Carbokalk (Dünger).

Umweltverbände monieren, dass auf Zuckerrübenfeldern zu viele chemisch-synthetische Pflanzenschutz- und Düngemittel eingesetzt würden. Ist Rohrzucker aus fernen Ländern die ökologischere Variante? Gernot Bodner von der Universität für Bodenkultur Wien weist die Vermutung zurück. Heimischer Rübenzucker schneide besser ab, weil weniger Wasser und weniger Transport nötig seien. Die Schweizer Zucker AG hat Biorübenzucker aus der Schweiz und Süddeutschland mit fair gehandeltem Biorohrzucker aus Südamerika verglichen. Ergebnis: Die heimische Rübenvariante belaste die Umwelt 37 Prozent weniger.

Auch Zuckeralternativen wie Agavendicksaft (vor allem aus Mexiko), Ahornsirup (Kanada) oder Kokosblütenzucker (Asien, Südamerika) sind wegen der langen Transportwege nicht besser. Die Verbraucherzentralen empfehlen, lieber mal ganz auf Zucker zu verzichten: »Wer Lust auf Süßes hat, greift besser auf altbewährte natürliche Süßmacher wie

Versteckter Zucker

▶ So viele Würfelzucker stecken in Produkten

1,5	**2,7**	**3**	**3**
Ketchup (20 g Portionsbeutel)	Cornflakes (100 g)	Tomaten-Fertigsuppe (250 ml)	Apfel (100 g)
3,3	**4,4**	**4,5**	**7,5**
Weißkrautsalat (100 g)	Fruchtjoghurt (100 g)	Tiefkühlpizza (390 g)	Müsliriegel mit Frucht (50 g)

Quelle: Allianz; https://gesundheitswelt.allianz.de/gesundheit-ernaehrung/abnehmen-diaet/infografik-zucker-in-zahlen.html; Stand Juli 2024.

Honig, Fruchtdicksäfte und Trockenfrüchte aus der Region zurück.« Mache ich. Nur mein Milchreis, der bekommt seinen Zucker weiterhin.

24

TÜTENPÜREE ODER
SELBST GEMACHT?

Wer wird da bloß so angehimmelt? »Ich treffe Dich nicht oft, aber ich denke immer noch an Dich.« Dämmert es? »Du wurdest geliebt in all Deinen Verkleidungen.« Ja, es geht um Kartoffelpüree. Der britische Starkoch Nigel Slater hat ihm einen Liebesbrief geschrieben. Es gibt wohl keine größere Hymne an das warme, sanfte Zeug, das auf unserer Zunge klebt. »Am besten erinnere ich mich daran, wie Du warst, als ich mich zum ersten Mal in Dich verliebte: mit massenhaft Butter zu einer glasigen Wolke geschlagen.«

Blöd ist allerdings, dass die Wolke Zeit kostet. Kartoffeln schälen, kochen, abgießen, stampfen, mit Milch, Butter und Gewürzen abschmecken. Nach einem harten Arbeitstag greift mancher lieber zur Tüte, wie sogar Starkoch Tim Mälzer einmal in einer Fernsehsendung.

Die Kartoffel kursiert noch nicht lange in unseren Breitengraden. Kultiviert in den Anden vor 8000 Jahren, erreichte sie Europa im 16. Jahrhundert, laut Heinrich Heine durch den britischen Freibeuter Francis Drake. Historiker bezweifeln das allerdings. Dass die Knolle später ihren Siegeszug durch die Küchen antrat, hat, neben dem Geschmack, weitere Gründe:

Sie enthält Kohlehydrate, Kalium, Magnesium und Eisen, die Vitamine B_1, B_2 und C, und weil sie zu 80 Prozent aus Wasser besteht, ist sie auch kalorienarm.

Wer das Kartoffelpüree erfunden hat, ist nicht ganz klar. Vielleicht waren es französische Priester, die Pilger auf einem der Jakobswege durch das französische Zentralmassiv verköstigten. Klar ist das Geburtsjahr des Tütenpürees: Pfanni brachte es 1959 auf den Markt.

Für die Herstellung werden geschälte Kartoffeln zweimal gegart, abgekühlt, zerquetscht, auf einer Walze getrocknet und schließlich zu Flocken zerbröselt. Nötig sind Zusatzstoffe, damit das Püree länger hält und sich im Mund tatsächlich nach Püree anfühlt. Im Einsatz sind Emulgatoren, Stabilisatoren, Antioxidationsmittel und auch Farbstoffe, damit es schön gelb leuchtet. Auf solche Zusatzstoffe sollten vor allem Allergiker achten.

Feinschmecker winken bei Tütenpürees ab. Die »Frankfurter Allgemeine Sonntagszeitung« ließ drei Spitzenköche zwölf Sorten testen. Sie entdeckten ein »leicht seifiges Geschmacksbild«, eine »brühwürfelige Vertrautheit« oder fühlten sich bei »Duft und Aroma an Kartoffelkeller« erinnert. Fünfmal vergaben sie eine Vier bis Fünf, nur einmal als Bestes die Note Zwei bis Drei. Die Stiftung Warentest testete vor ein paar Jahren 26 Marken: 16-mal gut, einmal sogar sehr gut.

Aber wie steht es mit der Umweltbelastung? Wie viel Energie verschlingen Anbau, Transport und Verarbeitung, wie viel Klimagase werden frei?

Das Öko-Institut in Freiburg senkt in einer älteren Studie über das Tütenpüree den Daumen. Ein Kilo frische Kartoffeln verursachen nur 0,18 Kilo CO_2, Tütenpüree über 3,7 Kilo CO_2 und Tiefkühlpommes sogar 5,7 Kilo CO_2. Eine jüngere Rechnung des Heidelberger Instituts für Energie und Umweltforschung (Ifeu) im Auftrag des Umweltministeriums urteilt positiver. Ein Kilo Biokartoffeln kommt danach auf 0,2 Kilo CO_2, ein Kilo Tütenpüree auf 0,9 Kilo CO_2.

Klar ist zumindest, dass die Kalkulation anders aussieht, rechnet man zum Kilo Kartoffeln 100 Gramm Butter (0,9 Kilo CO_2) und 100 Milliliter Milch (0,1 Kilo CO_2) – eine gängige Mischung – hinzu und vielleicht noch Käse wie Gruyère, den Nigel Slater vorschlägt (100 Gramm 0,6 Kilo CO_2). Unterm Strich liegt das selbst gemachte Püree dann bei 1,2 oder 1,8 Kilo CO_2. Aber: Tütenpüree wird auch mit Milch und Butter gepimpt, sodass sich am Ende die Unterschiede verwischen. Klimatechnisch jedenfalls.

Entscheidend ist die eingesetzte Menge Milch und Butter. Wer umweltgerecht kochen will, muss die klimafreundlichere Mandelmilch und Margarine verwenden. Aber wer will das schon? Wie schreibt Slater in seinem Liebesbrief? »Du warst das Gericht, das mich kurierte, das meine Welt wieder einrenkte und mich abends kuschelig warm einmummelte.« Eben.

25

WEIHNACHTSSCHMUCK KAUFEN ODER BASTELN?

An einem Novembertag habe ich ein Kölner Einkaufszentrum besucht. Es war entsetzlich. Überall Weihnachtskitsch. Dekoläden, die überquellen vor Merry-Christmas-Tand. Die Antithese zur Weihnachtsbotschaft von der schlichten Geburt Jesu. Die Menschen stopften das Zeug in großen Mengen in ihre Taschen. Als Zappa-Fan kam mir sein bissiger Song »Plastic People« in den Sinn. Diese verächtliche Hymne gegen die Musterkonsumenten, die sich blindlings in sinnfreie Plastikwarenwelten locken lassen.

Was noch bedenklicher ist: Das Kampfschmücken belastet die Umwelt schwer. Es gibt dazu zwar keine umfänglichen Untersuchungen, sondern nur Stichproben, aber die sind aufschlussreich. Die österreichische Umweltorganisation Global 2000 hat 2019 26 Dekoartikel untersucht und 2020 ein Update nachgeliefert. Die Ergebnisse lesen sich nicht wie eine frohe Botschaft: Die Prüfer fanden »fortpflanzungsschädigende Weichmacher, giftige Flammschutzmittel und umweltschädliche Chlorparaffine«. Nach ihrer Einschätzung hätten fast 40 Prozent der getesteten Artikel wegen zu hoher Schadstoffe nicht in den Handel kommen dürfen.

Welche Artikel auf den deutschen Markt gelangen, ist kaum zu kontrollieren. Denn Weihnachtsschmuck wird in der Regel nicht in verschneiten Hütten im Erzgebirge gefertigt, sondern in fernöstlichen Fabriken. 2022 kamen rund 18 000 Tonnen davon aus China nach Deutschland, somit stammt etwa 90 Prozent der Ware aus diesem Land. Manche deutsche Anbieter bestellen dort direkt. Die große Masse aber wird seit 1957 auf der weltgrößten Messe für Import- und Exportware in der chinesischen Hafenstadt Kanton verhökert. In Deutschland landet reichlich davon bei der Kölner Ramschbörse »Internationale Aktionswaren- und Importmesse«. Dort lässt sich der Krempel schon im Frühjahr en gros erwerben. Was in Läden wie Depot, Nanu-Nana, Tedi, Action oder in Supermärkten angeboten wird, hat fast immer lange Transporte mit hohen Klimagasemissionen hinter sich.

Die Lust am Kitsch ist offenbar grenzenlos. Selbst Lametta ist wieder Kult – auch wenn Opa Hoppenstedt in Loriots genialem Weihnachtssketch klagt: »Früher war mehr Lametta!« 1878 sollen die Glitzerfäden zum ersten Mal in Nürnberg gefertigt worden sein, um Eiszapfen zu symbolisieren. Ökologisch betrachtet, ist weniger Lametta der richtige Weg. Denn als Opa Hoppenstedt als Kind mit leuchtenden Augen vor dem Christbaum stand, hing dort noch echter Sondermüll. Lametta war schwer und bestand aus gewalztem Stanniol, einer silberglänzenden Folie, die giftiges Blei sowie Zinn, Kupfer, Nickel und Eisen enthielt.

Neuerdings wird es meist aus mit Aluminium beschichtetem Kunststoff produziert – und ist federleicht. Mit der angenehmen Haptik und dem matten Zauber des Stanniols hat es nichts mehr gemein. Nachhaltig ist es aber auch nicht. Die

Herstellung verschlingt jede Menge Rohstoffe und Energie, was zu hohen CO_2-Belastungen führt. Kritisch ist vor allem das Aluminium. Recyceln lässt es sich laut Deutscher Umwelthilfe nicht, weil es am Plastik haftet. Im Gegensatz zum Baum lässt sich Lametta auch nicht kompostieren. Deshalb sollte man es, wie allen anderen Schmuck, zum Saisonende sehr sorgfältig von den Ästen entfernen und nächstes Jahr wiederverwenden. Wird es unansehnlich, gehört es leider in die Restmülltonne.

Aus dem Plastikdilemma gibt es nur drei Wege. Erstens: Verzicht. »Less is more«, wie der Architekt Mies van der Rohe predigte. Zweitens: Handgemachtes kaufen – das ist teurer, aber fast immer ökologischer. Drittens: selbst basteln. Mit Tannenzapfen, Walnüssen, Salzgebäck, Strohsternen, Glaskugeln, Bienenwachskerzen. »Als Kind ist jeder ein Künstler. Die Schwierigkeit liegt darin, als Erwachsener einer zu bleiben.« Hat Pablo Picasso gesagt.

26

LATEXMATRATZE ODER FEDERKERN?

Matratzen zählen nicht zu den Produkten, über deren Beschaffenheit man ständig nachdenkt. Da man sie nur alle acht bis zehn Jahre austauschen sollte, so eine gängige Empfehlung, stehen Fragen nach Herstellung, Inhaltsstoffen, Entsorgung und Klimabelastung selten an oberer Stelle. Beim Kauf geht es um den Härtegrad, die Zoneneinteilung oder den Aufbau. Und um den Preis. Dabei sind die Umweltfolgen durchaus relevant.

Sieht man von Wasserbetten oder Materialien wie Wolle ab, wird grundsätzlich zwischen drei Arten unterschieden. Am beliebtesten sind Schaumstoffmatratzen, die aus Polyurethan (PUR) gefertigt sind. Dicht dahinter liegen Federkernmodelle. Bei ihnen ordnen Hersteller zahlreiche Stahlfedern nebeneinander an, häufig werden diese in einzelne Stofftaschen eingenäht. Matratzen aus Latex machen nur einen kleinen Teil des Marktes aus.

2023 hat die unabhängige Stiftung Warentest Lieferketten und Lebenszyklen der Matratzen analysiert. Die Tester nahmen sich jeweils ein repräsentatives Modell in der Größe 90 x 200 Zentimeter vor und betrachteten Fertigung, Verpackung, Transport, das jährliche Waschen des Bezugs bei 60 Grad Celsius sowie die Entsorgung. Sie unterschieden zwischen 18 Wirkungskategorien, darunter Klimawandel, Feinstaub, Rohstoff- und Wasserverbrauch. Daraus errechneten sie schließlich Umweltschadenspunkte.

Das Ergebnis überrascht: Schaumstoffmatratzen schneiden am besten ab. Sie belasten die Umwelt fünfmal weniger als Federkernmatratzen. Deren Herstellung sei aufwendig, vor allem der Stahl benötige viel Energie und Rohstoffe und lasse sich nach Lebensende meist nur mit weiten Wegen recyceln. Das Latexmodell landete bei der Untersuchung auf dem mittleren Platz. Es brauche mehr Material als die Schaumstoffmatratze, erzeuge aber viel Wärme bei der Verbrennung, so das Urteil.

Diese thermische Verwertung ist in Deutschland die gängige Form der Entsorgung. Einer Studie des Umweltbundesamts von 2022 zufolge fallen in privaten Haushalten, dem Gastgewerbe und dem Gesundheitswesen jährlich 8,3 Millionen Matratzen an. Zugleich fanden die Forscher bundesweit gerade mal ein Unternehmen, das sich auf die fachgerechte Zerlegung von Matratzen spezialisiert hat; es liegt in Nordrhein-Westfalen. Im besten Fall verwertet es bis zu 90 Prozent stofflich, etwa 2000 Tonnen schafft die Firma pro Jahr. Im Vergleich zur Gesamtmenge ist das zu vernachlässigen: Insgesamt 165 400 Tonnen Abfall entstehen durch Matratzen jedes Jahr in Deutschland.

Wendet man sich an die Hersteller, stellt man fest: Die meisten haben sich bisher wenig um die Ökobilanz ihrer Produkte geschert. Der Fachverband Matratzen-Industrie will das ändern. In Wuppertal ließ er von städtischen Entsorgungsbetrieben mehr als vier Tonnen Altmatratzen sammeln und prüfen, wie das Material beschaffen ist, um es aufzubereiten, und wie es nachhaltig wiederverwertet werden könnte. Die Lage ist unbefriedigend. »Bislang ist der Materialmix das größte Problem«, heißt es beim Verband. »Damit eine Matratze gut stützt und bequem ist, verarbeiten und verkleben Hersteller mehrere Komponenten miteinander. Diese Stoffe wieder sortenrein zu trennen ist sehr aufwendig und zum Teil unmöglich.«

Deshalb werden künftig automatische Zerlegeanlagen gebraucht. Die Entwickler müssen von Beginn an die Zerlegung und das Recycling im Blick haben. Der Verband kennt nur drei Unternehmen, die das tun. Ein weiteres will kommendes Jahr erstmals eine Matratze mit einem digitalen Produktpass auf den Markt bringen, der über die Herkunft und die Inhaltsstoffe informiert.

Die Verbraucher können damit wohl bis auf Weiteres nur vertrauen, etwa der Stiftung Warentest.

2 von 5
Deutschen schlafen an Werktagen weniger als sechs Stunden. Über ein Viertel geht erst nach Null Uhr ins Bett.

Quelle: Bayer Schlafbericht 2023;www.mylaif.de/schlafbericht; Stand Juli 2024.

27

STREICHHOLZ ODER FEUERZEUG?

Wenn Sorgen aufs Gemüt drücken, kaufen die Deutschen Kerzen. Der Herstellerverband ECMA meldete in den Pandemie- und Kriegsjahren 2021 und 2022 ein fettes Verkaufsplus. Auch wird ordentlich geraucht: Knapp 66 Milliarden Zigaretten atmeten die Bundesbürger 2022 weg. Und nicht wenige suchen Trost und Wärme am Holzkaminofen: Mehr als elf Millionen Geräte sind deutschlandweit in Betrieb. All diese Seelentröster brauchen ein Streichholz oder Feuerzeug. Für den einen Zünder müssen Bäume fallen, für den anderen sind Gas und Öl vonnöten. Die Frage ist: Was ist ökologisch die bessere Wahl?

Streichhölzer mit Reibungszündung gibt es seit 1826. Bei der heutigen Variante enthält der Kopf Schwefel als Reduktions- und Kaliumchlorat als Oxidationsmittel, damit Elektronen fließen können und Wärme entfachen. Die Reibefläche an der Schachtel beinhaltet Glaspulver und roten Phosphor (ungiftig), der mit dem Kaliumchlorat heftig reagiert. Das Holz wird in Paraffin und Ammoniumphosphat getränkt, damit es gleichmäßig brennt und nach dem Auspusten nicht nachglüht.

Jedes Mal beim Zünden werden chemische Substanzen

in die Luft geblasen, das kann man riechen und sehen. Zudem wird beim Verbrennen des Holzes so viel CO_2 frei, wie es beim Wachsen gespeichert hat. Die Wirkung dieser Emissionen ist nicht abschließend erforscht. Eine Studie berichtet von möglichen DNA-Schädigungen bei Arbeitern in einer pakistanischen Streichholzfabrik. Auch kann das aufsteigende Schwefeldioxid sauren Regen erzeugen.

Dennoch sehen Experten hierin nicht das ökologische Hauptproblem. Wichtiger sei: Stammt das Holz aus nachhaltiger Forstwirtschaft? Streichhölzer werden aus Weichholzbäumen gefertigt, die erst einmal Jahrzehnte gedeihen müssen, um erntereif zu sein. Aus einer Espe etwa kann rund eine Million Streichhölzer gewonnen werden. Klingt nach viel, aber man bedenke: Jeden Tag werden weltweit Abermilliarden Streichhölzer in Brand gesetzt.

2021 haben Forscher eine Lebenszyklusanalyse für Streichhölzer aus dem Exportland Pakistan vorgenommen. Das Ergebnis: Eine einzige Schachtel schluckt bis zur Ankunft beim Endkunden rund 265 Liter Wasser und knapp 200 Kilowattstunden Energie, die meist fossilen, also klimaschädlichen Ursprungs ist. So verantwortet jede Schachtel CO_2-Emissionen von 43,69 Kilogramm, das meiste durch die Transportwege. Streichhölzer sind Wegwerfartikel, wie die meisten Feuerzeuge. Doch diese bestehen aus Metall, Kunststoff oder sogar Glas, deren Produktion reichlich Bodenschätze und viel Energie verschlingt. Normalerweise lassen sich die Taschenzünder 300- bis 1000-mal verwenden, hochwertige Artikel auch 3000-mal. Dabei wird meist Butan, gemischt mit Propan, verbrannt. Der Treibhauseffekt der Gase ist gering.

Problematischer ist die Entsorgung. Weil sie viele verschiedene Komponenten beinhalten, eignen sich Einwegfeuerzeuge nicht fürs Recycling. Sie werden am Ende – klimaschädlich – selbst verbrannt. Das Umweltbundesamt taxiert den Kunststoffmüllberg, den die kleinen Feuerspender jährlich in Deutschland verursachen, auf 820 Tonnen. Allein der Marktführer BIC produziert im Jahr weltweit 1,5 Milliarden Einwegfeuerzeuge.

Inzwischen bemühen sich Hersteller, sowohl Streichhölzer als auch recycelte oder auffüllbare Feuerzeuge auf den Markt zu bringen, die Rohstoffe schonen und das Klima weniger belasten. Beliebter werden auch Lichtbogenfeuerzeuge, die man per USB-Kabel auflädt; sie aber enthalten einen Akku.

In einem Punkt sind sich die Gelehrten jedoch einig: Wer möglichst umweltfreundlich zündeln möchte, greift am besten zu Ökostreichhölzern ohne Paraffin (ist nicht biologisch abbaubar), verpackt in den fast vergessenen alten Zündbriefchen, die selbst aus 100-prozentigem Recyclingkarton bestehen.

28

WHATSAPP ODER POSTWEG?

Vor über 45 Jahren ätzte Nina Hagen in ihrem Lied »TV-Glotzer« gegen verblödenden Fernsehkonsum. »Alles so schön bunt hier«, schrie sie ins Mikrofon, begleitet von Brechreizgeräuschen. Als ich mich neulich durch meine alten Chatverläufe in Whatsapp arbeitete und dabei Unnötiges löschte, kam mir dieser Schrei wieder in den Sinn. Ich war wirklich bestürzt: So viele Fotos! So viele Videos! So viele Emojis! Sicher, manch wichtige Konversation war darunter. Aber noch viel mehr Belangloses. Ein Müllhaufen aus digitalem Fast Food.

Der digitale Haufen erzeugt eine reale Umweltbelastung, auch wenn uns Dauertippern und -klickern das nicht bewusst ist. Jede geschriebene und gesendete Nachricht in dem Instant-Messenger frisst Energie. Nicht nur mein Smartphone benötigt Strom, sondern auch das des Empfängers. Ebenso sämtliche Server, die irgendwo auf der Welt meine Nachrichten verteilen und speichern. Hinzu kommen noch alle Übertragungsnetze, durch die die Whatsapp-Nachrichten zum Empfänger strömen. Das bleibt nicht ohne Folgen fürs Klima.

Müll zu vermeiden, gehört zu den Geboten unserer Zeit. Gilt das auch für Datenmüll? Sollte wir uns auch beim Smartphone-Amüsement zurückhalten und nicht jeden müden Gag in ausschweifenden Chatgruppen teilen?

Schaut man auf die Zahlen, dürfte sich Verzicht richtig auszahlen. Das Internet ist ein gefräßiges Monster. Laut der Internationalen Energieagentur (IEA) vertilgten die internationalen Rechenzentren und Netzwerke im Jahr 2021 bis zu 820 Milliarden Kilowattstunden Strom. Das ist fast die doppelte Menge des deutschen Jahresstromverbrauchs. Und der meiste Strom stammt aus fossilen Quellen.

Mit jedem unserer Posts werden irgendwo auf der Welt Klimagase freigesetzt. Und deren Zahl ist bei Whatsapp schwindelerregend. Täglich schicken über zwei Milliarden Nutzer rund 100 Milliarden Nachrichten in die Welt, vermeldete das Unternehmen 2023, das einst von dem Ukrainer Jan Koum und dem US-Amerikaner Brian Acton gegründet wurde und seit 2014 zu Facebook (heute: Meta) gehört. Das sind 50 Nachrichten pro Teilnehmer, Tag für Tag.

Reine Textnachrichten sind fürs Klima eher harmlos. Sie verursachen laut der Unternehmensberatung Think Digital Green jeweils nur etwa zwei Tausendstel Gramm CO_2. Bei einem Foto sind es schon zwei bis vier Gramm. Das heißt, die fast sieben Milliarden Bilder, die bei Whatsapp auf die Reise gehen, verursachen binnen 24 Stunden bis zu 28 000 Tonnen Treibhausgas. Jeden Tag! Um es plastisch zu machen: Das ist in etwa die Menge, die sämtliche Pkws auf deutschen Straßen innerhalb eines halben Jahres herausblasen. Whatsapp-Videos erzeugen gar 30 bis 56 Gramm pro Filmminute. Wer zum Beispiel einmal das vierminütige Beatles-Video »Now and Then« verschickt, könnte im Vergleich genauso gut anderthalb Kilometer sinnfrei mit einem Benziner-Golf durch die Gegend cruisen.

Selbst wenn viele Nutzer auf Whatsapp-Diät gingen, dürfte das Datenvolumen künftig weiter drastisch steigen. Das liegt nicht zuletzt an den neuen Broadcast-Diensten, die Whatsapp auch für Deutschland freigeschaltet hat. Konzerne wie Netflix, Sony Pictures oder die Drogeriemarktkette DM nutzen sie bereits, aber auch TV-Sender oder Sportvereine wie Bayern München. Über sogenannte Kanäle befeuern sie grenzenlos Whatsapp-Nutzer mit Postings; das sind Nachrichten und Reklamespots, die sich nach 30 Tagen selbst löschen. ARD und ZDF haben diese Funktion intensiv beworben.

Wäre es ökologisch besser, zu schreiben und Fotos wieder per Post zu verschicken? Wohl kaum. Je nach Studienquelle verursacht ein Brief zwischen 20 und 29 Gramm CO_2 Den größten Anteil daran hat der Transport.

GELDGESCHÄFTE PER MAUSKLICK

Wofür die Deutschen das Internet privat am meisten nutzen

Internet-Nutzung	Anteil der Befragten
Internet-Banking/ Online-Banking	57 Prozent
Suche nach Informationen über Waren und Dienstleistungen	52 Prozent
Teilnahme an sozialen Netzwerken für private Kommunikation	49 Prozent

Quelle: Destatis; www.destatis.de/DE/Themen/Gesellschaft-Umwelt/Einkommen-Konsum-Lebensbedingungen/IT-Nutzung/Tabellen/nutzung-internet-privatezwecke-alter-mz-iikt.html; Stand Juli 2024.

29

FAST FOOD ODER FRISCHES?

Hat er zu viel Karten gespielt? Oder zu lange gearbeitet? Ganz genau weiß man nicht, warum sich John Montagu nur wenig Zeit zum Essen nahm. Um die Mahlzeiten abzukürzen, ließ er sich jedenfalls Mitte des 18. Jahrhunderts geröstete Weißbrotscheiben reichen, zwischen denen Rindfleisch steckte. Das schmeckte auch seinen Gästen, und weil Montagu der vierte Earl of Sandwich war, bekam die Brotzeit den Namen: Sandwich.

Es war nicht die erste schnelle Mahlzeit der Menschheit. Bereits Griechen und Römer kannten Garküchen, in denen man Gerichte vom Schwein oder Fisch zügig verzehren konnte. Doch das Sandwich adelte den Snack, es gehörte zu jedem Picknick. Ohne Sandwich hätten Burger und Döner vermutlich ihren Siegeszug nie angetreten.

Fast Food ist Alltagskultur, weswegen sich hierzulande die Zahl der Selbstbedienungsrestaurants (etwa 3000) und Imbisse (rund 35 000) in den vergangenen 15 Jahren mehr als verdoppelt hat. Eineinhalb Millionen Hungrige treibt es im Durchschnitt jeden Tag zum Marktführer McDonald's. Aber wie stark leiden Umwelt und Gesundheit darunter?

Die Antwort darauf fällt schwer. Fast Food ist nicht gleich

Fast Food. Neben Currywurst und Burger gibt es Tiefkühlgerichte oder Tütensuppen. Ernährungswissenschaftler reden lieber von hoch verarbeiteten Lebensmitteln, den »UPF« (»Ultra-processed foods«). Diese haben viele Kalorien, viel Fett, Salz, Zucker, dazu böse gesättigte Fett- und Transfettsäuren, dafür wenig Nähr- und Ballaststoffe. Sie werden industriell hergestellt. Deutsche, US-Amerikaner oder Briten nehmen über UPF bis zur Hälfte ihrer täglichen Kalorien auf.

Das hat Folgen. Weil industriell produziert wird, leidet die Natur. Allein in Brasilien sind seit 1987 die ernährungsbedingten Treibhausgasemissionen um 21 Prozent gestiegen, der Wasserverbrauch erhöhte sich um 22 Prozent, vor allem wegen der UPF-Nachfrage.

Wie stark die Umwelt gestresst wird, liegt nicht zuletzt an der Art des Snacks. Wer bei der Pizza auf Käse und Fleisch verzichtet, senkt den CO_2-Ausstoß von drei auf ein Kilo, so der britische Forscher Mike Berners-Lee. Beim Curry vom Inder um die Ecke schwankt der CO_2-Ausstoß zwischen sechs und einem Kilo, je nachdem, ob man Garnelen, Lamm oder Gemüse ordert. Freunde der Tiefkühl-Lasagne können laut dem Heidelberger Institut für Energie- und Umweltforschung (Ifeu) die CO_2-Emission halbieren, wenn sie statt Rinderhack Soja-Granulat wählen. Was die Sache noch unübersichtlicher macht: Zu den UPF können auch vegane und vegetarische Erzeugnisse zählen – denn Fleischersatz oder Hafermilch werden ebenfalls industriell produziert.

Und die Gesundheitsfolgen? Es gibt einen Zusammenhang zwischen dem Konsum von UPF und einem erhöhten Risiko für Fettleibigkeit, Diabetes, Herzschwäche und hohen Blutdruck. Warum, ist nicht eindeutig geklärt. Viele Menschen, die Fast Food wählen, verdienen wenig – und Armut

macht krank. Was schwerer wiegt bei den Gesundheitsdefizi-
ten – falsches Essen oder fehlendes Geld – ist offen. In Malta,
Kroatien, Ungarn und Finnland etwa leiden mehr Menschen
unter Fettleibigkeit als bei uns, obwohl sie weniger UPF essen.

Eindeutig sind andere Folgen. Weil UPF meist kalorien-
reich sind, handelt es sich um hoch konzentrierte Nahrung.
Kartoffelchips etwa enthalten viel weniger Wasser als gekochte Kartoffeln; dadurch verzehren wir gern mehr von
ihnen, als wir wollen. Unterstützt wird dieser Effekt durch
Zusatzstoffe, die den Darm durcheinanderwirbeln und so fal-
sche Hungerbotschaften zum Hirn schicken. Am Ende stop-
fen wir uns voll.

Was sollte man also tun? »Die Dosis macht das Gift«, sagte
bereits Paracelsus. Ab und zu ein Burger ist kein Problem.
Wer das Klima retten will, verzichtet besser auf Käse und
Fleisch. Dem Earl of Sandwich haben die vielen Brotzeiten
nicht geschadet. Er wurde 74 Jahre alt. Üblich waren damals
in den besseren Kreisen kaum mehr als 60 Jahre.

30

SMOOTHIES ODER FRISCHOBST?

Ein Gesetz der Wirtschaft lautet: Wenn sich etwas gut verkauft, bleibt es nicht lange allein. Dann wird es kopiert und um umfangreiches Zubehör erweitert. Das ist bei Hollywood-Blockbustern und Smartphones so. Bei Smoothies, den pürierten Nahrungsmitteln in Flaschen, ist es nicht anders. Im Kosmos, der sich um das sämig-samtige Kernprodukt gebildet hat, finden sich palettenweise Zusatzartikel: Mixer, Pürierstäbe, Rezeptbücher und Pulver. Es gibt sogar Angebote für Hunde und Katzen, wahlweise mit Rind, Huhn oder Ente, als flüssiges Fleisch für zwischendurch.

Smoothies sind teuer: Sie kosten, auf den Liter hochgerechnet, bis zu elf Euro – und damit ein Vielfaches mehr als die Summe der darin zerhackten Lebensmittel. Und doch locken sie viele Kunden an. Bei einer Untersuchung des Bundesministeriums für Ernährung und Landwirtschaft 2021 gaben 69 Prozent der Befragten an, dass sie Smoothies kauften, weil sie ihnen schmeckten. 64 Prozent hielten die Getränke für gesund. 50 Prozent glaubten, dass sie nicht stark verarbeitet seien. Und 48 Prozent erklärten, es falle ihnen so leichter, mehr Obst zu sich zu nehmen.

Tatsächlich aber haben Smoothies wenig mit bewusster

Ernährung zu tun. Sie müssten vielmehr im Süßigkeitenregal platziert werden. Als sich »Öko-Test« 2022 20 rote Smoothies mit Trauben, Johannisbeeren, Kirschen und Rote Bete vornahm, fanden die Tester durchgehend so viel Zucker wie in einer Limonade und Cola. Zudem wiesen sie in elf Fällen ein Pestizid nach, das im Verdacht steht, Krebs zu verursachen. Und so nährstoffreich wie versprochen waren sie ebenfalls nicht: Zwei Produkte enthielten gar kein Vitamin C, in anderen lag der Gehalt auf »niedrigem bis mittlerem Niveau«. Das, was frisches Obst und Gemüse gesund macht, war bei der industriellen Verarbeitung weitgehend auf der Strecke geblieben.

Der Verbraucherzentrale Bundesverband war in einem »Marktcheck« zuvor zu einem ähnlichen Ergebnis gekommen. Nicht nur, dass die beworbenen Zutaten bloß in Kleinstmengen verarbeitet worden waren, darunter Minze zu 0,4 Prozent oder das Nahrungsergänzungsmittel Spirulina zu 0,01 Prozent. Ein sogenannter Detox-Smoothie enthielt nichts, was entgiftend wirken könnte. In einem »Immun-Smoothie« für Kinder dagegen steckte die Tagesration Vitamin D für einen Erwachsenen. Fazit der Autoren: Die Kreativität der Anbieter kollidiere mit den Anliegen des Verbraucherschutzes.

Problematisch sind auch die Smoothie-Verpackungen. Selbst wenn sie aus Glas bestehen und die Plastikflaschen am Pfandautomaten zurückgegeben werden können: Stets werden Rohstoffe für die Herstellung und Energie fürs Reinigen und Recyceln eingesetzt, die nicht anfallen würden, wenn man das Obst und Gemüse unpüriert verzehrte. Das Mehrgewicht erhöht zudem die CO_2-Emissionen, die beim Transport anfallen. Das gilt auch für den Inhalt. Je weiter eine Frucht reisen muss, desto schlechter fällt die Ökobilanz aus. Das Start-up Kraftschluck produziert deshalb Smoothies »ohne Jetlag«, so die Werbung. Statt Banane, Mango und Ananas werden Erzeugnisse regionaler Biohöfe verwendet. Das bringt einen weiteren Vorteil: Weil die Hersteller nicht auf Form und Aussehen der rohen Zutaten achten müssen, können sie krumme Äpfel, Gurken und Möhren verarbeiten, die Verbraucher im Supermarkt liegen lassen. Das hilft, die Verschwendung von Lebensmitteln zu reduzieren.

Dennoch: Unterm Strich überwiegen die Nachteile von Smoothies. Als regelmäßige Nahrungsquelle sind sie nicht zu empfehlen. Es sei denn, man stellt sie mit frischen Waren selbst her. Wer sich dafür aber extra einen aufwendigen Elektro-Smoothie-Mixer anschafft, drückt die Ökobilanz der Mahlzeit gleich wieder in den Keller.

SAUER IST GESUND

Die gesündesten Obstsorten der Welt	
1	Zitrone
2	Erdbeere
3	Orange
4	Limette
5	Rote Grapefruit
6	Brombeere
7	Weiße Grapefruit

Quelle: William Paterson University New Jersey; zit nach: www.glamour.de/artikel/neue-studie-das-sind-die-7-gesuendesten-obstsorten-der-welt; Stand Juli 2024.

31

PARFUM?

Grasse, die berühmte Stadt in Südfrankreich, wies lange ein stabiles Klima auf. Über Jahrhunderte hinweg sorgten die vielen Sonnenstunden und die Nähe zum Mittelmeer dafür, dass hier die besten Zutaten für Parfüms wuchsen: Lavendel, Jasmin, Mairose. Bekannte Unternehmen kaufen dort bis heute gern ein. Nur: Eine Garantie auf Nachschub gibt es nicht mehr. Schuld ist der Klimawandel. Im Sommer 2022 war er hier besonders drastisch zu spüren. Eine Dürre ließ die Lavendelernte um 40 Prozent einbrechen.

Parfümeure benötigen für die Herstellung ihrer Düfte große Mengen Rohstoff. Für ein Kilogramm Essenz der Mairose sind es bis zu fünf Tonnen Blüten, bei Jasmin immerhin 750 Kilogramm. Die Frage, woher die Pflanzen stammen und wie nachhaltig sie angebaut wurden, wird für Duftproduzenten immer relevanter. Es muss sie umtreiben, dass ihre Kreationen auch viel Energie, Wasser und Verpackungsmaterial verbrauchen, zudem ihre Produktion CO_2 freisetzt und Entwaldungen nach sich zieht. Einige der größten Duftfabrikanten wie Coty, Mane oder Givaudan veröffentlichen regelmäßig Nachhaltigkeitsreports und verpflichten sich darauf, Maßnahmen zu ergreifen, die dem Klimaschutz dienen.

Verbrauchern hilft das allerdings kaum weiter. Wer wissen will, wie nachhaltig ihr oder sein Lieblingsduft hergestellt ist, findet nur sehr wenige Informationen. Zwar bringen einige Hersteller inzwischen nachfüllbare Flakons auf den Markt, darüber hinaus erfährt man aber kaum etwas.

Ein Grund: Die Produzenten müssen ihre Zutaten nicht offenlegen und nur die benennen, die für Menschen unmittelbar schädlich sein könnten, wie Allergene. Ein weiterer Grund liegt in der Komplexität der Lieferketten und der Herstellung. Ein Parfüm kann aus 100 oder mehr Stoffen gemischt sein, die von Tieren, Pflanzen oder aus dem Labor stammen. Die International Fragrance Association (IFRA) listete bei ihrer jüngsten Zählung mehr als 3600 mögliche Zutaten auf, Givaudan spricht sogar von knapp 12 000. Forschenden fehlt der Überblick, in einer 2023 veröffentlichten Studie bemängeln sie, dass viel mehr Daten für die Ökobilanz von Parfüms nötig wären, die Firmen sie aber meist nicht herausrückten, um ihre Rezepte geheim zu halten.

Die beste Orientierung für die Kundschaft bieten Zertifizierungen. Der Standard »Cosmos« zum Beispiel fördert die biologische Landwirtschaft, den bewussten Umgang mit natürlichen Ressourcen und das Konzept der »Grünen Chemie«; diese will den Einsatz gefährlicher Substanzen minimieren. Zwar werden etliche tierische Duftstoffe wie Zibet und Moschus heute fast nur noch synthetisch hergestellt. Wer aber sichergehen will, dass gar keine tierischen Komponenten enthalten sind, kauft Produkte mit Vegan-Label.

Werden die Duftnoten chemisch nachgebaut, kann es zu anderen Nebenwirkungen kommen. Bei einer jüngsten Untersuchung von »Öko-Test« schnitten acht von 20 Parfüms mit »ungenügend« ab. In einem davon wurde eine »unfassbar hohe Menge« Diethylphthalat (DEP) nachgewiesen, das im Verdacht stehe, hormonwirksam zu sein, und von der Europäischen Chemikalienagentur (ECHA) auf seine Gefährlichkeit geprüft werde. Doch selbst ein Naturkosmetik-Parfüm von Demeter wurde als mangelhaft bewertet, weil es »deutliche Mengen« von freiem Formaldehyd enthielt, das über die Atemluft aufgenommen, als krebserregend gilt. »Schon geringe Mengen können die Schleimhäute reizen und Allergien auslösen«, so die Tester.

Vor zwei Jahren wollte der Industrieverband Körperpflege- und Waschmittel in einer Umfrage wissen, wie es Menschen ergehe, wenn sie ein Parfüm auflegten. 74 Prozent der teilnehmenden Frauen und 60 Prozent der Männer erklärten, dass sie sich »attraktiv« fühlen würden. Gut möglich, dass diese Werte mit dem Wissen um die Folgen und die mangelnde Transparenz der Branche in einer neuen Umfrage deutlich niedriger ausfallen würden.

32

HEIZLÜFTER ODER HEIZUNG?

Mit dem Monat Oktober beginnt in Deutschland die Übergangszeit: Tagsüber wird es teils noch sommerlich warm, doch abends kühlt es empfindlich ab. Dann wird es nicht mehr richtig gemütlich auf der Couch – und die Harmonie in der Familie wackelt. Die einen (meist die Kinder) fordern: Heizung an, zack, zack! Die anderen (meist Eltern) raten zu wärmeren Pullovern, Öl und Gas seien schließlich sehr teuer. Manche Väter, so ist zu hören, sollen einen ausgeprägten sportlichen Ehrgeiz entwickelt haben, die Heizung möglichst lange ausgeschaltet zu lassen.

Als Kompromiss wird in vielen Haushalten der Heizlüfter aus dem Sommerschlaf geholt. Rein in die Steckdose, das Gebläse fährt hoch, ein merkwürdig elektrisch-staubig riechender, warmer Wind durchströmt den Raum. Eine gute Idee, so zu heizen?

Die Argumente, welche die Befürworter von Elektroheizungen, Heizlüftern, Konvektoren und Radiatoren vortragen, klingen erst einmal überzeugend: Stromheizungen setzten jede Kilowattstunde Strom fast zu 100 Prozent in Wärme um. Das klingt, als könne man kaum ökologischer heizen.

Das stimmt so nicht. Wer Elektroheizungen mit zugekauftem Strom vom Versorger betreibt, sorgt für eine schlechte Ökobilanz. Denn was dann aus den Steckdosen kommt, stammt zu deutlich über 40 Prozent aus fossilen Kraftwerken. Und hier liegt der Haken: Diese Meiler arbeiten wenig effizient. Laut Umweltbundesamt werden dort im Mittel nur 43,1 Prozent der Energie, die in Gas und Kohle steckt, zu Strom umgewandelt. Der Rest verpufft in der Regel als Wärme.

Das heißt: Der Strom, der in den heimischen Heizlüfter oder in ähnliche Geräte fließt, ist unter großen Energieverlusten entstanden. Deshalb ist es Augenwischerei zu behaupten, eine Elektroheizung sei besonders effizient. Sie hat nicht einmal eine Chance gegen eine moderne Gas- oder Ölheizung, die mit Brennwerttechnik arbeitet. Diese wandelt nämlich nicht nur 43,1, sondern bis zu 98 Prozent und mehr der Energie, die in dem Erdgas und Heizöl steckt, in Wärme um. Allerdings, und das ist der unabwendbare Nachteil, unter dem schädlichen Ausstoß von Treibhausgas.

Hinzu kommt: Elektroheizungen fressen außergewöhnlich viel Strom und sind damit alles andere als sparsam oder gar preiswert. Ein Heizlüfter, der 2000 Watt verbraucht, verursacht unter Volllast jede Stunde rund 60 Cent Stromkosten. 2000 Watt Leistung ist nicht einmal viel, sie reichen bei älteren Häusern gerade einmal aus, um, je nach Baujahr, Räume von elf bis 22 Quadratmetern halbwegs warm zu bekommen. Die Verbraucherzentrale hat ausgerechnet: Wenn man eine durchschnittliche 100-Quadratmeter-Wohnung komplett auf diese Weise elektrisch beheizen würde, fielen im Jahr Heizkosten von etwa 4000 Euro an. Bei einem Einfamilienhaus wären es rund 8000 Euro.

Aber was, wenn man sie mit eigenem Ökostrom vom Dach betreibt? Dann wäre das zumindest klimafreundlich, aber noch lange nicht effizient. Und selbst wenn man eine Photovoltaikanlage besitzt, funktioniert das Heizen mit reinem Strom in der dunklen Jahreshälfte, wo am meisten Wärme gebraucht wird, nicht ohne üppigen Akkuspeicher.

Anders ist es bei einer Wärmepumpe. Auch sie wird mit Strom betrieben, allerdings fließt dieser nicht in Heizspiralen, sondern dient dazu, Wärme aus der Luft, der Erde oder dem Grundwasser zu ziehen. Diese Naturwärme wird zum Heizen genutzt. Eine eingesetzte Kilowattstunde Strom erzeugt, je nach Technik, drei bis fünf Kilowattstunden Wärme. Der Wirkungsgrad der Wärmepumpe liegt also bei 300 bis 500 Prozent.

Wenn also Elektroheizung, dann dort, wo man nur kurzzeitig heizt oder keine zentrale Wärmeversorgung möglich ist, etwa im Schrebergartenhäuschen oder im Bastelkeller. Sonst lieber der warme Pulli.

65 Prozent

Erneuerbare Energien müssen seit 2024 bei neuen Heizungen zum Einsatz kommen. Dazu zählt auch reiner Ökostrom.

Quelle: BMWK; www.bmwk.de/Redaktion/DE/Downloads/Energie/65-prozent-erneuerbare-energien-beim-einbau-von-neuen-heizungen-ab-2024.pdf?__blob=publicationFile&v=6; Stand Juli 2024.

33

SALATKOPF ODER AUS DER TÜTE?

Salat hilft in der Not. Jedenfalls bei Cesare Cardini. Der Mann betrieb 1924 in Tijuana, an der mexikanischen Grenze zu den USA, ein Restaurant, wo eines Tages die Gäste ihn bestürmten, die Vorräte aber fast erschöpft waren. Was sollte er nur servieren? Cardini schmiss zusammen, was er fand: Weißbrot, Parmesan, Eier, einige Romana-Salatköpfe und anderes. Und weil er eine Show bieten wollte, mixte er die Zutaten direkt an den Tischen. Geboren war der »Caesar Salad«.

Der hat auch hierzulande viele Fans, wie Salat generell. Knapp sechs Kilo davon futtert jeder Deutsche im Jahr. Doch viele finden das Waschen und Schnippeln lästig und greifen zum Tütensalat. Aber ist das Grünzeug aus der Folie auch nachhaltig?

Salat begleitet uns seit fast 4500 Jahren. Ägypter, Griechen und Römer kannten ihn, in Nordeuropa verbreitete er sich im frühen Mittelalter, ausgehend von Klostergärten. Tütensalat entstand, weil Fast-Food-Ketten und Großküchen wenig Platz hatten und vorgeschnittenes Gemüse wollten. Ende der 60er-Jahre tüftelten erste Entwickler an Verfahren, doch bis sie massentauglich wurden, dauerte es Jahrzehnte.

Salat ist nämlich kompliziert. Selbst wenn er geerntet worden ist, lebt er weiter und erzeugt bestimmte Pflanzenstoffe. Bei Tütensalat führt das dazu, dass nach dem Schneiden Wasserdampf und Wärme entstehen. Damit die Blätter nicht schlappmachen und braun werden, werden sie in eine Art Winterschlaf versetzt. Dazu werden sie, nachdem sie zuerst mehrfach gewaschen und gesäubert wurden, auf vier Grad gekühlt und in Tüten mit einem Gemisch aus Kohlendioxid, Sauerstoff und Stickstoff verpackt.

Das alles kostet Energie und setzt zusätzliches CO_2 frei. Tütensalat wird gekühlt, gewaschen und in Folie geschlagen. Doch in der Ökobilanz ist der Unterschied zum losen Salat nicht allzu groß, sagen Fachleute vom Umweltbundesamt und vom Institut für Energie- und Umweltforschung Heidelberg (Ifeu). Ein Kilo Tütensalat produziert laut Ifeu 400 Gramm CO_2, ein Kilo herkömmlicher Rucola- oder Feldsalat kommt auf 300 Gramm.

Für die Klimabilanz wichtiger ist, zu welcher Jahreszeit man das Grünzeug isst. Eisberg- und Kopfsalat, die Lieblinge der Deutschen, stammen im Sommer oft aus dem Inland, im Winter dagegen aus Spanien und Italien, wo sie meist in Treibhäusern oder unter Folien gedeihen. Wer auch bei Schnee und Eis auf Blättern kauen will, erzeugt mehr Verkehr und damit mehr Klimagase.

Wintersalat ist dazu häufiger mit Nitrat belastet, weil er mehr gedüngt wird und weniger Sonne hatte. Nitrat selbst ist unschädlich, kann aber im Körper zu Nitrit umgewandelt werden, was sich in Tierversuchen als krebserregend erwies. Salat kann auch Blei-, Cadmium- oder Pestizid-Rückstände enthalten, dagegen hilft waschen. Wer sichergehen will, greift zu Bioware, die weniger belastet ist.

Tütensalat kann aber tatsächlich die Gesundheit gefährden. Durch das Schneiden tritt Pflanzensaft aus, an den Schnittstellen entsteht ein Biotop für Keime. Lebensmittelkontrolleure fanden laut Bundesamt für Verbraucherschutz 2021 in 200 von 428 Proben abgepacktem Salat krank machende Mikroorganismen. Die Zeitschrift »Öko-Test« kam zuvor zu ähnlichen Ergebnissen.

Die Folgen sind nicht immer schlimm. Manchmal führen Bakterien wie Campylobacter, Salmonellen oder Listerien nur zu Fieber oder Durchfall, manchmal aber zu schweren Infektionen oder zum Tod. Abgepackter Salat sollte immer gekühlt und schnell gegessen werden. Ist die Tüte aufgebläht oder brauner Saft erkennbar, muss sie in die Mülltonne. Schwangere, Ältere und immunschwache Menschen sollten auf Tütensalat verzichten.

Die eingepackte Ware ist also tückisch. Vorrang sollte Bio-Saisonware haben: im Sommer Eisberg- oder Kopfsalat, im Winter Feldsalat, Endivien, Radicchio oder Chicorée.

34

AUTOMATIK
ODER SCHALTGETRIEBE?

Schalten gefährdet die Gesundheit. Das sagt Bleifuß-Rallye-Legende Walter Röhrl: »In zehn Sekunden war ich auf 200. Da hab' ich schon fünfmal schalten müssen. Hab' deshalb rechts eine breitere Hand wie links. Ich bin a richtiger Sportkrüppel!« Wer will sich das zumuten? Laut einer Umfrage von Autoscout 24 bevorzugen 43 Prozent der Bundesbürger ein Automatikgetriebe. 40 Prozent stehen auf Handschaltung; vor allem Frauen nehmen die Gangwahl lieber selbst in die Hand.

Es ist noch keine Ewigkeit her, da war das Automatikgetriebe fast nur in der Oberklasse zu finden. Der wuchtige Apparat passte nicht in Kleinwagen. Zudem kostete er viele Tausender mehr. Und dann erwies sich mancher Automatikwagen als überaus trinkfreudig. Freunde alter Mercedes-Modelle berichten in Foren von einem Mehrverbrauch von anderthalb bis zwei Litern auf 100 Kilometer. Kein Wunder, dass noch im Jahr 2000 nur jeder fünfte Neuwagen in Deutschland mit einer Automatik ausgestattet war.

Inzwischen wurden die Schaltknechte von moderner Wandlerautomatik und Doppelkupplungsgetrieben abgelöst. Vor allem die Zweiten sind leichter, kompakter, schneller, vor allem aber effizienter. Laut ADAC können selbst Profis wie Röhrl nicht besser schalten als ein Doppelkupplungsgetriebe. Das überzeugt auch die private Kundschaft: 2022 hatten zwei Drittel der verkauften Neuwagen ein Automatikgetriebe – obwohl es im Durchschnitt noch immer 2000 Euro Aufpreis kostet. Die Oberklasse ist mittlerweile komplett schaltknüppelfrei.

Aber welche Variante ist klimafreundlicher? Maßstab hierfür ist, wie viel Material zum Einsatz kommt. Vor allem geht es dabei um Metall. Automatikgetriebe bestehen aus mehr Bauteilen als Handschaltgetriebe. Sie sind ein paar Kilo schwerer und schleppen daher einen größeren CO_2-Rucksack mit sich. Allerdings sind diese zusätzlichen Kilos gemessen am Gesamtgewicht des Autos kaum der Rede wert.

Wichtiger ist der Mehrverbrauch. Ein Schaltgetriebe erzeugt weniger Reibung. Man könnte mit ihm deshalb in der Theorie spritsparender fahren und den Ausstoß von CO_2, Stickoxiden und anderen Schadstoffen senken. Dafür müsste man Übermenschliches leisten, nämlich stets zur richtigen Zehntelsekunde den sparsamsten Gang einlegen. Automatikgetriebe haben sieben bis neun Gänge, und der Computer hält den Motor spielend im wirtschaftlichsten Drehzahlbereich. Das wirkt. Schon vor gut zehn Jahren kam die »Auto Zeitung« bei einem großen Vergleichstest zu dem Fazit: Differenzen im Verbrauch sind kaum mehr auszumachen und liegen im Bereich der Messtoleranz. Manche Hersteller behaupten inzwischen, ihre Automatik sei genügsamer, als es eine Handschaltung je sein kann.

Kombiniert mit einem (Abstands-)Tempomat zeigt das Automatikgetriebe seine volle klimaschonende Kraft. Denn es hilft, eine konstante Geschwindigkeit einzuhalten. Versucht man es auf eigene Faust, etwa bei Tempo 80, schwankt man etwa alle 18 Sekunden zwischen 75 und 85 Stundenkilometern, wie eine kanadische Studie zeigt. Durch die – ungewollte – Beschleunigung steigt der Verbrauch. Computergesteuerte Technik kann den Durst um bis zu 15 Prozent niedriger halten. Der TÜV Nord empfiehlt daher: »Wenn Sie haben, nutzen Sie Ihren Tempomat. Und bei Ausrüstung mit Automatikgetriebe lassen Sie schalten, der Automat kann es besser. Der manuelle Eingriff ist in der Regel stark verbrauchsfördernd.«

Die Diskussion »Schaltung oder Automatik« wird die nächste Generation kaum mehr führen. Ganghebel-Orgien wie in den »The Fast and the Furious«-Filmen wirken dann wie aus einer anderen Welt. Elektroautos haben kein Schaltgetriebe, weil die Motoren sofort volle Kraft entfalten. Und Verbrenner mit Schaltung verschwinden vom Markt. VW etwa bietet größere Wagen teils nur noch mit Automatik an. Mercedes und BMW haben sich komplett vom Schaltknüppel verabschiedet.

35

POMMES FRISCH ODER TIEFGEKÜHLT?

Die Kälte sei schuld gewesen, heißt es. Vor mehr als 340 Jahren habe der belgische Winter die Maas gefrieren lassen, die Anwohner konnten nicht mehr fischen und die Fische frittieren. In ihrer Not schnitten sie Kartoffeln in Streifen, tauchten sie in heißes Öl – und die Pommes frites waren geschaffen. Ob sich die Geschichte tatsächlich so zugetragen hat: unklar. Die Erfindung der Belgier ist jedenfalls vom Speisezettel der Menschheit nicht mehr wegzudenken. Aber wie gut sind Pommes für Mensch und Natur?

Roh können wir Kartoffeln nicht in größeren Mengen essen. Das liegt an dem enthaltenen Solanin, das Schimmel verhindern und Schädlinge abwehren soll, für uns aber giftig ist. Die Knollen werden daher gebraten oder gekocht. Oder frittiert, was nicht schlecht ist. Da sie nur kurz erhitzt werden, überleben viele Vitamine, sodass Fritten mehr Vitamin C enthalten als Salzkartoffeln. Aber auch mehr Fette, besonders die üblen »Transfette«. Diese ungesättigten Fettsäuren lassen Arterien schneller verstopfen, was das Risiko für Herzinfarkt, Herz-Kreislauf-Erkrankungen und Schlaganfall erhöht. Für sie gelten in der EU strenge Grenzwerte.

Acrylamid ist ein weiteres Problem. Es entsteht, wenn Fleisch, Gemüse oder andere Lebensmittel aus Kohlenhydraten und Eiweiß gebraten, gegrillt oder geröstet werden. Es gilt als krebserregend, zumindest bei Tieren. Ob es uns Menschen schadet? Manche Studien sagen Ja, andere Nein. Für eher geringe Folgen für den Menschen spricht der Kaffee. Er enthält wegen des Röstens viel Acrylamid, gilt aber als der Gesundheit zuträglich, Kaffeeliebhaber sollen sogar seltener an Darm- und Leberkrebs erkranken.

Leidet die Umwelt unter Pommes? Da ist zunächst der Anbau von Kartoffeln. Böden müssen gedüngt, Knollen ausgesät und geerntet werden. Das kostet Energie. Lange Transporte entfallen meist, da wir wenig importieren. Deutschland hat einen Selbstversorgungsgrad von 145 Prozent, wir bauen mehr an, als wir verbrauchen. Doch im Frühjahr leeren sich die Lager. Manche Frittenhersteller beziehen dann Kartoffeln aus Ägypten, wo für den Anbau wegen der hohen Temperaturen viermal so viel Wasser wie hierzulande nötig ist. Wasser ist in dem Land knapp. Verbraucher sollten deshalb bei Tiefkühl-Pommes auf eine deutsche Herkunft achten. Biosiegel garantieren zudem, dass sie zu 95 Prozent nachhaltig angebaut wurden.

Für Fritten werden die Kartoffeln industriell verarbeitet. Sie werden gewaschen, unter Dampf geschält, geschnitten, sortiert, kurz gekocht, frittiert, schockgefrostet und transportiert. Auch das kostet Energie. Bevor sie auf dem Teller landen, werden sie erneut frittiert. Besonders das zweite Ölbad erzeugt viel CO_2, wie Berechnungen der Universität Arkansas, des Umweltbundesamts sowie des Instituts für Energie- und Umweltforschung Heidelberg (Ifeu) zeigen.

Für ein Kilo TK-Fritten im Supermarkt liegt die CO_2-Bilanz bei 0,7 Kilo Kohlendioxid. Werden sie frittiert, steigt sie auf 1,9 Kilo CO_2, vor allem wegen des eingesetzten Öls. Wer sie im Backofen mit wenig Öl brät, spart bis zu einem Kilo CO_2; noch mehr, wer frische oder gekochte Kartoffeln verwendet. Ofen-Pommes sind aber nicht so knusprig.

Eine Alternative ist der Heißluftgrill. Er braucht kaum Öl, das Ergebnis soll geschmacklich etwas besser als von Backofen-Fritten sein, aber nicht so gut wie bei frittierten Kartoffeln. Weniger Energie als der Ofen verbraucht er auch. Fritten aus einem Imbiss schneiden ebenfalls gut ab. Weil größere Mengen verarbeitet werden und das Öl nicht ständig neu erhitzt wird, ist der Energieverbrauch pro Kilo geringer. Werden frische Kartoffeln eingesetzt, fällt sogar die Energie fürs Tiefkühlen weg.

Fazit: Wer Pommes nachhaltig essen möchte, sollte daheim aufs ölreiche Frittieren verzichten und den Backofen einsetzen. Ab und zu kann man sich auch eine Tüte vom Imbiss gönnen.

36

OUTDOORJACKEN ODER REGENSCHIRM?

Das Leben in der Natur kann so leicht sein. Einfach raus und rauf auf den Berg, am besten mit ein paar Freunden, und wenn die Nacht anbricht, packt man seinen Proviant aus und entfacht ein Lagerfeuer. Das sind die Bilder, mit denen viele Hersteller von Outdoorkleidung auf Webseiten und in Prospekten für sich werben. Ihre Verheißung: Viel braucht es nicht für das große Abenteuer, weit weg von jeder Zivilisation.

Dass der Naturfreund dann doch etwas mehr benötigt für seinen Trip, lässt sich der Beschreibung der Produkte entnehmen. Von »Funktionskleidung« und »Hightech« ist da die Rede, von der »Leistung«, die Jacken oder Hosen bringen, und diese Leistung ist vor allem: Schutz. Wer auf einer Wanderung oder Skitour unterwegs ist, der muss Wind, Regen, Schnee und Kälte trotzen. Und mit Naturstoffen allein ist das nicht zu schaffen.

Die Hersteller von Outdoorkleidung müssen den Wetterschutz künstlich erzeugen. Und sie tun das zum Teil mit Gift. Problematisch sind vor allem sogenannte Ewigkeitschemikalien. Diese per- und polyfluorierten Alkylsubstanzen, abgekürzt PFAS, sind auch als PFC (per- und polyfluorierte Chemikalien) oder PFT (perfluorierte Tenside) bekannt und in vielen Branchen beliebt, weil sie Produkte befähigen, Wasser, Fett und Schmutz abzuweisen. Statt sich bei Regen vollzusaugen, lassen mit solchen Stoffen präparierte Kleidungsstücke die Tropfen abperlen. Mehr als 10 000 verschiedene PFAS gibt es, aber nicht mal Kläranlagen schaffen es, sie abzubauen. Sie sammeln sich in der Natur an. »Sogar in entlegenen Gebieten wie der Arktis und in den dort lebenden Tieren werden diese Verbindungen gefunden«, schreibt das Umweltbundesamt. Auch im Blut von Kindern und Jugendlichen wurden bereits hohe Konzentrationen entdeckt. Sie können, so der Verdacht, unter anderem Krebs auslösen. Deshalb hat die Bundesregierung zusammen mit weiteren Staaten Anfang des Jahres der EU-Chemikalienagentur vorgeschlagen, PFAS verbieten zu lassen.

Einige Outdoorhersteller verzichten bereits auf sie. Anderen fällt es noch schwer, Ersatz zu finden. Gore, Zulieferer der Textilbranche und Erfinder der bekannten Membran, die Jacken und andere Klamotten »atmungsaktiv« macht, hatte ursprünglich angekündigt, ökologisch bedenkliche PFAS bis Ende dieses Jahres aus allen Produkten zu verbannen. Inzwischen hat das Unternehmen das Vorhaben auf Ende 2025 verschoben, und diese Stoffe sollen nur noch aus »einem Großteil der Verbraucherprodukte« verschwinden.

Käufer sollten sich vorab über den Hersteller informieren und auf Siegel wie Bluesign und »Oeko-Tex Standard 100« achten, die strenge Vorgaben für möglichst schadstoffarme Textilien machen. PFAS-freie Kollektionen muss man zwar häufiger selbst imprägnieren, vor allem nach dem Waschen. Das ist laut den Herstellern aber problemlos möglich. Oft geben sie an, wie der Schutz der äußeren Schicht ihrer Produkte mit einem Wachs oder Spray aufgefrischt werden kann. Einige Firmen bieten auch an, die Behandlung selbst zu übernehmen, und flicken kleinere Schäden.

Wer darüber hinaus etwas fürs Tierwohl tun möchte, der verzichtet auf Daunenjacken. Meist stammt ihr Isoliermaterial aus China und Osteuropa, wo Enten und Gänse während ihres kurzen Lebens bis zu viermal gerupft werden – eine in der EU verbotene Praxis. Was ein Siegel wie »Responsible Down Standard« taugt, auf das einige Unternehmen setzen, ist umstritten: Die Tierschutzorganisation Peta lehnt es ab und gibt an, immer wieder Verstöße gegen die Regeln entdeckt zu haben. Eine Alternative sind recycelte Daunen, die aus Kissen und Decken stammen.

In jedem Fall sollte man überlegen, was das gewünschte Kleidungsstück wirklich leisten muss. Wer seine Jacke vor allem für den Weg zur Bushaltestelle nutzt, der braucht womöglich keinen Schutz vor arktischen Wetterverhältnissen. Manchmal reicht ein Regenschirm.

37

PELLETHEIZUNG ODER GAS?

Bei einer Fahrt durch den Schwarzwald klebte ich hinter einem Lkw. Auf seinem Heck stand: »Heimatwärme – wohl und warm«. Der Laster transportierte und warb für Pellets, diese Miniholzpresswürste von bis zu drei Zentimeter Länge, mit denen man seine Wohnung heizen kann. Die Hersteller verkaufen sie gern als Naturware, die für ein gutes Klima sorgt. Das sahen auch Umweltexperten lange so, und bisher hat der Staat die Anschaffung von Pelletheizungen prächtig gefördert. Inzwischen glühen in rund 774 000 Haushalten Pelletöfen. Im Frühjahr 2023 kam dann die Wende: Im ersten Entwurf des neuen Gebäudeenergiegesetzes (GEG) wollte der amtierende Wirtschaftsminister Robert Habeck Pelletheizungen für Neubauten verbieten, die Holzfeuerung sei sehr umweltschädlich. Die CDU konterte: Alles Ideologie! Wer hat recht?

Über Jahre konnten die Pellet-Lobbyisten der Bevölkerung die Geschichte vom Heizen ohne Reue ins Hirn pflanzen: Holz setze beim Verbrennen nur so viel CO_2 frei, wie der Baum beim Wachsen aufgenommen habe, und sei daher klimaneutral. Stimmt weitgehend. Nur: Die Aufnahme von CO_2 dauert Jahrzehnte, während die Freisetzung beim Ver-

126

brennen blitzschnell erfolgt. So entsteht erst einmal ein gewaltiger CO_2-Überschuss – wo doch Treibhausgas drastisch eingespart werden soll. Vermodert das Holz am Boden – was per se gut ist für Flora und Fauna –, wird zwar auch das CO_2 wieder frei, aber über Jahre. Ein Teil des Gases bleibt zudem im Boden gebunden.

Manchen Forschern schwillt regelrecht der Kamm beim Thema Pellets. Achim Dittler, Professor am Karlsruher Institut für Technologie, poltert, kein Brennstoff emittiere gemessen am Energiegehalt mehr CO_2 und andere Schadstoffe als Holz. Wolfgang Lucht vom Potsdam-Institut für Klimafolgenforschung hat gerechnet: Pro gewonnener Energieeinheit werde durch die Verbrennung von Holz überschlägig anderthalbmal so viel CO_2 ausgestoßen wie bei Kohle, doppelt so viel wie bei Öl und dreimal so viel wie bei Gas. Der Weltklimarat verweist zudem auf Kohlenmonoxid, Stickoxide, Methan und Ruß, die entstünden, vor allem der Ruß trage mehr zum Treibhauseffekt bei als CO_2. Und der Volksgesundheit schade der Feinstaub ohnehin, mahnt das Umweltbundesamt. Der Ausstoß deutscher Holzöfen liege inzwischen etwa gleichauf mit dem des gesamten Straßenverkehrs.

Es gibt ein weiteres Argument, das gegen den Brennstoff spricht. Das Deutsche Pelletinstitut in Berlin meldet zwar, die Holzwürstchen würden zu rund 90 Prozent aus Sägeresten von Bäumen gepresst, die aus nachhaltig bewirtschafteten Wäldern stammen. Soll heißen: Niemals wird mehr Holz entnommen, als nachwachsen kann. Doch das Institut ist industrienah; ein unabhängiges Monitoring gibt es nicht. Recherchen von wissenschaftlichen Instituten und Umweltverbänden zeigen aber, wie etwa in Osteuropa oder

Skandinavien prächtige Bäume nur für die Pelletproduktion fallen müssen.

Dieser Trend dürfte langfristig zunehmen, denn der Bedarf an Brennholz wächst. Immer mehr alte Kohlegroßkraftwerke in Europa werden mit Pellets oder Holzschnitzeln beschickt, aber auch hiesige Biomassekraftwerke. Allerdings ist der Absatz von Brennholz in Deutschland nach der außergewöhnlichen Boomphase während der Energiekrise über das Jahr 2023 erst einmal wieder eingebrochen.

Es gibt auch einen Pluspunkt für Pellets: Der Energieeinsatz bei ihrer Produktion ist gering. Er beträgt nur drei Prozent ihres Energiegehalts, sehr wenig im Vergleich zu Heizöl oder Erdgas, bei deren Produktion riesige Mengen »grauer« Energie anfallen.

Dennoch: Holz zum Wärmen zu verbrennen bleibt ein archaischer Akt. Es gibt bessere Methoden, bei denen die unerschöpfliche Kraft von Wind und Sonne wirkt. Etwa Wärmepumpen oder Solarthermieanlagen. Trotzdem musste sich Robert Habeck dem Druck seines oft hölzernen Koalitionspartners FDP beugen: Das neue GEG erteilt den Pelletheizungen nun doch die Absolution. Sie bleiben erlaubt.

SO HEIZT DEUTSCHLAND

(Ausstattung in Prozent der Wohnungen 2023)	
Gas-Zentralheizung	33,7
Öl-Zentralheizung	23
Fernwärme	15,2
Gas-Etagenheizung	11,6

Elektro-Wärmepumpe (Zentralh.)	5,6
Sonstige (Flüssiggas-/Kohle-Zentralheizung, Gas-Wärmepumpe u. a.)	3,6
Holz-/Pellet-Zentralheizung	1,8
(Nacht-)Stromspeicheröfen	1,8

Quelle: BDEW; www.bdew.de/energie/studie-wie-heizt-deutschland/; Stand Juli 2024.

38

POOL ODER FREIBAD?

Kennen Sie Pool-Scham? Nein? Daran leiden Zeitgenossen, die ungern zugeben, ein eigenes Schwimmbad zu besitzen. Man will in Zeiten des Klimawandels ja nicht als Wasser- und Energieverschwender gelten. Oder bei Reichen wie Kim Kardashian einsortiert werden, die einmal innerhalb eines Monats 878 000 Liter Wasser mehr verbraucht haben soll, als die lokale Behörde im dürregeplagten Kalifornien ihr zugestanden hatte. Der Pool-Eigner – die heimliche Öko-Sau?

Der Spaß am Planschen ist alt. Schon vor mindestens 4500 Jahren sind unsere Vorfahren ins Becken gestiegen, wie Ausgrabungen im heutigen Pakistan nahelegen. Später entdeckten Griechen und Römer die Freuden der Badehäuser. Wusste doch Platon, dass Unwissende weder schreiben noch schwimmen können. In der Neuzeit entstanden die ersten Freibäder im 19. Jahrhundert in Großbritannien. Arbeiter sollten sich nicht nur in dreckigen Flüssen abkühlen. Der eigene Pool galt jedoch lange als Vorliebe von Superreichen wie dem Pressezar William Randolph Hearst. Der baute Anfang der 20er-Jahre des vergangenen Jahrhunderts einen »Neptune Pool« mit 1,3 Millionen Liter Wasser, der als Kulisse in vielen Hollywoodfilmen diente. Später, als Bauen billiger wurde, leisteten sich mehr Menschen ein eigenes Becken, wobei die US-Bürger mit mehr als zehn Millionen Stück Weltmeister sind. Die Deutschen haben etwa 2,1 Millionen.

Und die Umweltbelastung? Eine komplizierte Frage. Wer den Garten umpflügt und ein Betonbecken verbuddelt, verbraucht Energie und damit CO_2. Doch gut die Hälfte aller Privatpools sind laut Branchenverband »Aufstellpools«, die nicht im Boden versenkt werden.

Natürlich kann der laufende Betrieb viel Energie schlucken, etwa für die Filterpumpe oder für das Erwärmen des Wassers. Doch 40 Prozent der Pools werden nur zwischen Frühling und Herbst genutzt und deshalb nicht beheizt. Und viele Schwimmbadbesitzer setzen umweltgerecht auf Wärmepumpe oder Solarzellen, sodass kein Öl oder Gas verfeuert wird. Außerdem verbreiten sich Naturpools und Schwimmteiche – ein Mix aus Schwimmbecken und Teich, der sich selbst reguliert und je nach Bauart kaum Energie braucht.

Und das Wasser? Ein durchschnittlicher Aufstellpool benötigt pro Jahr etwa 6500 Liter, ein versenktes Becken zwischen 18 000 und 48 000 Liter, die im Herbst oft als Abwasser enden. (Zum Vergleich: Jeder Deutsche verbraucht pro Jahr knapp 47 000 Liter etwa für Dusche und Toilette.) Weil Wasser verdunstet, müssen die Becken nachgefüllt werden. Doch der Verbrauch lässt sich mildern, etwa durch die Nutzung von Regenwasser oder durch eine Abdeckung, die spart auch Energie. Naturpools und Schwimmteiche verlieren über Jahre wenig Wasser.

Schließlich die Chemie. Pools müssen gereinigt werden. Wer badet, bringt Dreck mit, Haare oder Sonnencreme; Vögel und Blüten verschmutzen das Wasser ebenfalls. Zum Reinigen setzen viele auf Chlor und andere Chemikalien. Doch der Chemie-Einsatz lässt sich verringern, etwa durch gute Filteranlagen, UV-Lampen oder andere Mittel. Bei Naturpools und Schwimmteichen spielen Mikroorganismen oder Pflanzen wie Rohrkolben oder Schilfrohr die Putzfrau, sie schaffen zugleich Ökovielfalt, weil sich Frösche, Vögel, Insekten und anderes Getier ansiedeln. Allerdings brauchen solche Anlagen Platz und Pflege, und sie kosten oft 20 000 bis 25 000 Euro oder mehr.

Fazit: Wer nachhaltig leben will, kann seinen Pool umweltgerecht gestalten. Alternativ lässt sich das öffentliche Freibad nutzen, aber auch das muss beheizt und gereinigt werden; manche Anlage schluckt 1000 Liter Heizöl pro Tag. Zudem muss man zum Ort der Abkühlung gelangen, oft mit dem Auto. Fest steht: Wer den Sommer im Gartenpool verbringt, statt nach Spanien zu jetten, hilft dem Klima. Pool-Scham muss also nicht sein.

39

WINDRÄDER ODER ATOMKRAFT?

Vor den Toren meines Wohnorts wurden 2023 neue Windräder aufgestellt. Das veranlasste einen Bekannten, mich beim Brötchenholen mit seiner These zu überfallen: Er sei zwar für erneuerbare Energie, aber es sei doch »irre«, Windräder zu bauen, statt existierende, CO_2-freie Atommeiler erst einmal weiterlaufen zu lassen. Jedes neue Windrad fresse schließlich Energie, und es werde ein großes Stück Acker dafür geopfert. Auch im Mail-Postfach der »Ökobilanz« tauchte das Thema immer häufiger auf: So fragten zwei Leser, ob Windräder überhaupt klimafreundlich sind, wenn man ihren gesamten Lebenszyklus bewertet.

Die Frage ist legitim, denn Windräder, die inzwischen bis zu 300 Meter hoch in den Himmel ragen, müssen erst einmal hergestellt werden, ehe sie Strom liefern. Es müssen Transport- und Wartungswege für sie gebaut werden, oft auf Kosten von Bäumen, Feldern und Wiesen. Ihr Standplatz nimmt über Jahrzehnte wertvolle Fläche ein. Und irgendwann sind sie unbrauchbar, müssen energetisch aufwendig entsorgt und recycelt werden. Rechnet sich Windkraft am Ende dennoch für die Natur?

Schauen wir zunächst auf den Energieeinsatz beim Bau der

Anlage. Der ist laut Umweltbundesamt (UBA) kein großes Problem, er amortisiere sich schnell. Windräder brauchen – je nach Leistung – zweieinhalb bis elf Monate, um die Energie zu erzeugen, die für ihre Herstellung benötigt wurde. Danach ist die Bilanz im Plus.

Wie steht es um den CO_2-Fußabdruck? Wissenschaftler der Technischen Universität Dänemark haben die Windkraftwerke unter die Lupe genommen. Sie erstellten eine Lebenszyklusanalyse (LCA). In sie flossen sämtliche Bauteile ein, jede Schraube, jede Platine, jedes Betonfundament, jedes Rotorblatt. Berücksichtigt wurde der gesamte Lebensweg vom Rohstoffabbau über Transportwege bis hin zur Entsorgung. Das Ergebnis: Pro Kilowattstunde produziertem Strom fallen bei Turbinen an Land (onshore) fünf bis sechs Gramm CO_2 an, auf See (offshore) 7,8 bis 10,9 Gramm. Klimaneutral sind Windräder also keineswegs. Allerdings schneiden sie deutlich besser ab als AKW. Die kommen laut einer LCA-Studie der Stanford-Universität auf 68 bis 180 Gramm CO_2 (abhängig vom Strommix beim Uranabbau und anderen Faktoren).

Das UBA hat die CO_2-Emissionen, die Windräder verursachen, den Einsparungen gegenübergestellt, die sie ermöglichen, weil durch sie weniger fossile Brennstoffe zum Einsatz kommen. Die Bilanz: Windkraft an Land verursacht in Deutschland rund 1,6 Millionen Tonnen Treibhausgas, vermeidet im Gegenzug aber die Freisetzung von 68 Millionen Tonnen. Sie spart also 42-mal mehr Treibhausgas ein, als sie verursacht. Anlagen auf See verzeichnen sogar ein Verhältnis von 240 000 zu 19 Millionen Tonnen CO_2 – Faktor 79. Die Zahlen beziehen sich auf 2021, neuere Daten fehlen noch.

Unterm Strich kommt das UBA für die rund 28 500 deutschen Onshore- und die 1500 Offshore-Anlagen zu einer sehr erfreulichen Bewertung: Über die Laufzeit von rund 25 Jahren werde im Durchschnitt durch Windkraft 40-mal mehr Energie erzeugt, als für die Herstellung, Nutzung und Entsorgung der Anlagen nötig ist.

An dem Tag, an dem ich das Gespräch in der Bäckerei führen musste, wurden die drei letzten deutschen AKW abgeschaltet. Spaß gemacht hat der Disput bei knurrendem Magen nicht. Aber immerhin konnte ich mit ein paar populären Irrtümern aufräumen: Atomstrom ist nicht billig. Er kostet in der Produktion doppelt so viel wie Windenergie. Und keine Assekuranz der Welt versichert die vollen möglichen Schäden bei einem GAU – weil diese unberechenbar sind. Nicht einmal beim Kampf gegen die Erderwärmung helfen AKW

Vor allem China setzt auf Wind

▶ Welche Nationen die meisten Windkraftanlagen neu bauen (2022 in Megawatt Leistung)

SCHWEDEN

USA

DEUTSCH-LAND

CHINA

BRASILIEN

Schweden	Deutschland	Brasilien	USA	China
2442	2745	4065	8612	37631

Quelle: BWE; www.wind-energie.de/themen/zahlen-und-fakten/international/; Stand Juli 2024.

wirklich weiter. Renommierte Experten wie Mycle Schneider, Autor des »World Nuclear Industry Status Report«, bewerten sie als unbedeutend für den Klimaschutz.

40

WASCHANLAGE ODER HANDWÄSCHE?

Neulich erzählte mir eine Bekannte, sie werde ihr neues, sündhaft teures Elektroauto künftig nur noch schonend per Hand vor der heimischen Garage reinigen. Eine Waschanlage brauche sie nicht mehr. Schließlich gehe von ihrem Stromer keine Gefahr für die Umwelt aus, da er weder Benzin noch Diesel oder gar Schmieröl enthalte. »Wer sollte etwas dagegen haben«, fragte sie rhetorisch, »man darf schließlich auch seine Gartenmöbel daheim sauber machen.«

Die Argumentation klingt nicht unplausibel. Und Handwäscher handeln auch nicht zwingend illegal, denn Autowaschen daheim ist nicht bundesweit verboten, obwohl das viele vermuten. Was erlaubt ist, steht in den Gemeindeordnungen, und die fallen unterschiedlich streng aus. Aachen lässt beispielsweise das Waschen ohne Shampoo zu, Wuppertal nicht. Allerdings sind sich in der Regel alle Stadtoberen einig: In Wasserschutzgebieten sowie auf öffentlichen Plätzen und Straßen herrscht absolutes Autowaschverbot. Auch für E-Autos.

Es gibt ein weiteres Tabu, das aus dem deutschen Wasserhaushaltsgesetz resultiert: Das Schmutzwasser der Autowäsche

137

darf nicht im Boden versickern oder in ein Gewässer eingeleitet werden. Es muss bei der Heimreinigung sichergestellt sein, dass die Brühe in einen Abwasserkanal läuft und einem Klärwerk zugeführt wird. Wer Grundwasser verunreinigt, muss mit einem Bußgeld bis zu 100 000 Euro rechnen.

Laut der Deutschen Automobil Treuhand (DAT) lassen 77 Prozent der Autohalter in Deutschland ihr Fahrzeug am liebsten in Portalwaschanlagen und Waschstraßen auf Hochglanz bringen. 22 Prozent bevorzugen Handarbeit, viele fahren dafür zu einer Waschbox. Die Verfahren nach ökologischen Kriterien zu vergleichen ist nicht trivial. Am ehesten funktioniert das noch beim Wasserverbrauch. Aber auch hier gehen die Daten so weit auseinander, dass sich daraus keine eindeutige Empfehlung ableiten lässt: Moderne Waschanlagen kommen teils bereits mit rund 25 Liter Frischwasser pro Wäsche aus, weil bis zu 90 Prozent des Schmutzwassers aufbereitet und wiederverwertet werden. Manche Anbieter lassen aber auch stolze 500 Liter regnen, weil angeblich nur überreichliche Nässe den Lack schont. Ein belastbarer energetischer Vergleich zwischen deutschen Waschstationen liegt ebenfalls nicht vor. Und erst recht keine Lebenszyklusanalyse der Waschanlagen, mit der sich deren ökologischer Fußabdruck bestimmen ließe.

Inzwischen gibt es aber ein paar Waschanlagen, deren Betreiber transparent machen, wie sie sich um Nachhaltigkeit bemühen (Adressen findet man zum Beispiel unter www.lifeverde.de). Bei ihnen kommt kein kostbares Trinkwasser zum Einsatz, sie verwenden in Kläranlagen aufbereitetes Altwasser und mischen ihm Regenwasser bei. Das Wasser erhitzen teils Wärmepumpen, die mit eigenem Photovoltaik-Ökostrom betrieben werden.

Wer selbst zum Putzeimer greift, bringt leicht 150 Liter Wasser zum Einsatz – und zwar in der Regel Trinkwasser. Das muss nicht unbedingt schlimm sein, sagen Experten. Allerdings ist die heimische (und heimliche?) Autowäsche nur dann effektiv und ökologisch leidlich unbedenklich, wenn man folgende Punkte beachtet: ausschließlich den Wasserschlauch und nicht etwa Reinigungsmittel oder Hochdruckreiniger einsetzen; Verschmutzungen mit einem Schwamm lösen; Fenster mit einem Mikrofasertuch behandeln; anschließend wachsen, um den Lack vor Blütenstaub und Kot zu schützen.

Meine Bekannte lebt in einem Ort, in dem Autowaschen daheim ohne Chemie erlaubt ist. Ob sie ihrem E-Flitzer damit einen Gefallen tut, ist eine andere Frage. Untersuchungen per Mikroskop haben gezeigt, dass der Autolack schon nach 25 Handwäschen wie eine Kraterlandschaft aussieht, die Kratzer dringen durch bis zu einem Zehntel der Lackschicht. Im Vergleich dazu zeigte er sich nach gleich vielen Automatikwäschen noch glatt.

41

E-FUELS ODER AKKUANTRIEB?

Das EU-Parlament hat beschlossen, ab 2035 nur noch Neuwagen zuzulassen, die kein Treibhausgas ausstoßen. E-Autos erfüllen diesen Anspruch, deshalb setzen fast alle politischen Parteien auf sie.

Nur nicht die FDP. Sie plädiert in großen Teilen vehement für Verbrenner und will sie mit E-Fuels betanken. Diese, so argumentieren die Liberalen, würden schließlich mit regenerativem Strom und CO_2 aus der Luft erzeugt und seien klimaschonend. Sie sind nicht zu verwechseln mit Biokraftstoffen aus Mais, Raps und anderen Pflanzen.

Beifall erklingt von allen, denen E-Autos suspekt sind. Nur: Stimmt die E-Fuel-Story? Könnten wir unsere Benziner und Diesel einfach weiterfahren wie bisher, wenn wir den alten Sprit durch synthetischen ersetzen?

Tatsächlich lässt sich chemisch mit Strom ein vollwertiger Ersatz für Benzin und Diesel, aber auch für Kerosin herstellen. Wasserstoff, erzeugt durch Elektrolyse, wird mit CO_2 zu künstlichem Erdöl gewandelt und in der Raffinerie zu Kraftstoff weiterverarbeitet. Der Einsatz im Verbrennungsmotor ist bilanziell CO_2-neutral, wenn der eingesetzte Strom aus erneuerbaren Quellen stammt. Es wird am Ende nur so viel

CO_2 aus dem Auspuff kommen, wie der Luft zuvor entzogen wurde.

E-Fuels sind vernünftig, sagen die Befürworter. Denn gerade beim Individualverkehr müsse sehr rasch gehandelt werden, wolle man den Klimawandel aufhalten. Eine komplette Umstellung auf E-Autos dagegen dauere zu lange. Von den 1,3 Milliarden Fahrzeugen würden weltweit nur gut fünf Prozent im Jahr durch Neuwagen ersetzt. Und außerdem: Allein mehr Nahverkehr und Fahrradwege, Tempolimits und noch teurerer Sprit würden ohnehin keine umfassende Energiewende in der Mobilgesellschaft sicherstellen.

Trotz solcher Argumente können E-Fuels nicht die Lösung sein. Denn mit ihnen werden weiter Kohlenwasserstoffe verbrannt, mit bedenklichen Folgen. Transport and Environment (T & E), ein Bund aus 53 Nichtregierungsorganisationen, hat die Folgen dokumentiert: Beim Verbrennen von E-Fuels entstehen genauso viele Stickoxide wie bei E10-Superbenzin.

Zudem trat dreimal so viel gesundheitsschädliches Kohlenmonoxid und doppelt so viel Ammoniak aus. Nur die Partikelemissionen sanken. Der ADAC, eher ein Freund der Verbrenner, kam bei Tests zu freundlicheren Ergebnissen im Hinblick auf E-Fuels.

Das Hauptargument gegen den Ökosprit aber liegt in seiner miserablen Effizienz. Bei einem Batterieauto kommen nach Angaben der Beratungsfirma Oliver Wyman 70 Prozent des eingesetzten Grünstroms beim Antrieb an, bei E-Fuels sind es nur 14 Prozent. Ein E-Auto wie der VW ID.3 kommt also mit der gleichen Strommenge etwa fünfmal so weit wie ein vergleichbarer Golf, der mit E-Fuel läuft. Und weil bei Herstellung und Transport des Kunstsprits CO_2 anfällt, ist das E-Auto über seinen Lebenszyklus laut T & E 53 Prozent sauberer als der Verbrenner mit E-Fuel.

Grünstrom gibt es nicht im Überfluss. Deshalb muss jede Kilowattstunde dort eingesetzt werden, wo es keine effizientere Alternative wie das E-Auto gibt, etwa in Fabriken, die noch mit Gas und Kohle produzieren; aber auch, gewandelt in den Brennstoff Wasserstoff, in Gaskraftwerken, die sauberen Strom liefern, wenn kein Wind weht und die Sonne nicht scheint.

Trotz aller Einwände lobte 2023 FDP-Chef Christian Lindner die Firma Porsche, die in Chile gerade eine E-Fuel-Anlage mit rund 70 Millionen Euro finanziert. Vor allem 911er-Fahrer (wie Lindner) hoffen auf E-Fuels, durch die sie weiterhin Vollgas auf der Autobahn geben können; der heutige Literpreis von rund zehn Euro schreckt sie offenbar nicht. Der Energieforscher Volker Quaschning hält dagegen: »Chile brauchte Zehntausende neue Windräder, einfach nur, damit wir hier weiter Verbrenner fahren können. Die E-Fuel-Story gehört in Grimms Märchenreich.«

42

WEIN ODER BIER?

Dass Wein den Kopf schwer werden lässt, weiß wohl jeder. Dass er aber bereits vor dem ersten Schluck Pein bereiten kann, wohl nicht. Schüler in Villeneuve-de-Blaye, einem 400-Seelen-Ort nördlich von Bordeaux, erlebten dies. An einem Tag im Mai 2014 wollten sie auf dem Pausenhof singen, was keine gute Idee war, denn ihnen war bald übel, sie litten unter Kopfschmerzen und Schwindel. Der Grund? Die Schule lag nahe einem Weinberg, die Winzer hatten Pflanzengift versprüht, die Wolken trieben zur Schule herüber.

Die Geschichte passt nicht recht zum positiven Image des Rebensafts, zu der Idee von freundlichen Menschen, die miteinander anstoßen und sich dabei womöglich auch noch Gutes tun – wie sogar Deutschlands oberster Gesundheits-Guru Karl Lauterbach meint. Ist Wein vielleicht nicht so rein, wie viele denken? Wie stark schadet seine Produktion der Umwelt? Sollten wir möglicherweise Bier bevorzugen?

Wein und Bier gehören zur Menschheitsgeschichte. Bereits vor 10 000 bis 12 000 Jahren entdeckten unsere Vorfahren, dass Getreidebrei gärt und dann gut schmeckt, weshalb sie sesshaft wurden. Sagen viele Prähistoriker. Der Wein etablierte sich vermutlich ein paar Tausend Jahre später, weil er bei einer persischen Königin die Migräne vertrieb und die Laune hob. Die Christen entdeckten in ihm später das »Blut Christi«, was wohl erklärt, warum in der Vatikanstadt viel gezecht wird. Laut dem kalifornischen »Wine Institute« trinken Papst und Hofstaat pro Kopf und Jahr knapp 74 Liter, ohne Messwein. Das wäre Weltrekord, der Durchschnittsdeutsche kommt auf etwa 20 Liter.

Dem Wein haftet etwas Natürliches an, doch ein Blick auf die Produktion entzaubert ihn. Da Reben anfällig für Hagelschlag, Dürre, Pilze und Insekten sind, hantiert der Winzer mit Dünger und Giften. Im Keller arbeitet er mit Zusatzstoffen wie Eichenholz-Chips. Die Herstellung von Wein erfordert Wasser, Fläche und Energie. Laut dem Heidelberger Institut für Energie- und Umweltforschung (Ifeu), einem Spezialisten für Ökobilanzen, verursacht eine 0,75-Liter-Flasche ein Kilo CO_2.

Biowinzer schneiden kaum besser ab. Sie verwenden zwar weniger klassische Gifte, aber einige ihrer Mittel sind ebenfalls bedenklich, etwa Kupferpräparate. Wobei es aber auch Rebsorten gibt, die Schädlingen trotzen und die deshalb weniger Pflanzenschutz brauchen.

Der Wein reist in der Regel in der Glasflasche, und die muss aufwendig produziert und transportiert werden – auch das fließt in die CO_2-Bilanz ein. Regionaler Wein ist daher besser als weit gereister. Andererseits ist ein Merlot, der per Schiff aus Australien kommt, nicht schlechter als ein Merlot aus Sizilien, der per Laster anrollt. Denn Straßenverkehr erzeugt viel CO_2. Wer zu Kartonwein greift, der kann laut Ernährungsforscher Mike Berners-Lee die Treibstoff-Emissionen um ein Drittel reduzieren.

Kommen wir zum Bier, von dem Deutsche im Mittel 89 Liter pro Jahr schlucken. Für den Anbau von Gerste und Hopfen landen ebenfalls Dünger und Pflanzenschutzmittel auf den Feldern (Biobier hat einen Marktanteil von unter einem Prozent). Die Brauer brauchen Energie für den Sud und die Kühlung. All das emittiert CO_2. Da nur wenig Bier importiert wird (etwa neun Prozent), sind die Transportwege im Mittel deutlich kürzer. Trotzdem kommt man für eine 0,5-Liter-Flasche Bier laut Ifeu im Schnitt auf 0,9 Kilo CO_2 – auf mehr als für einen halben Liter Wein. Und der Reben- ist dem Gerstensaft auch deshalb überlegen, weil er mehr Alkohol enthält und in geringerer Menge konsumiert wird.

Wer trotzdem lieber Bier trinkt, der bestellt am besten am Tresen eine regionale Sorte. Für den Wein daheim ist ein Produkt aus dem Karton die klimafreundliche Wahl. Der Gesundheit zuträglich sind aber offenbar beide nicht. Neue Studien behaupten, jeder noch so kleine Schluck sei schädlich.

43

JEANS ODER KEINE JEANS?

Erinnern Sie sich noch an Rana Plaza? Die Textilfabrik in Bangladesch stürzte 2013 ein; mehr als 1100 Arbeiterinnen und Arbeiter starben in den Trümmern. Nach einem weltweiten Aufschrei gelobten damals Verbraucher wie Unternehmer, dass Kleidung niemals mehr unter mittelalterlichen Bedingungen hergestellt werden dürfe.

Es hat sich einiges verändert seitdem, aber viel zu wenig. Kurz vor Weihnachten 2022 wurde aufgedeckt, wie eine Fabrik in Thailand ihre Angestellten ausbeutet: 99-Stunden-Wochen, nur ein freier Tag im Monat, ein Tageslohn von wenigen Euro. Die Ausgebeuteten fertigen Jeans für eine britische Supermarktkette, die zuletzt einen Vorsteuergewinn von mehr als zwei Milliarden Euro ausgewiesen hat.

Die Herstellung konventioneller Jeans ist grundsätzlich ein dreckiger Vorgang. Er beginnt bei der Baumwolle. Über Usbekistan, einen der wichtigsten Produzenten, ist bekannt, dass staatliche Angestellte und Kinder zur Zwangsarbeit auf den Feldern beordert werden. Landwirte werden enteignet, Pestizide und Insektizide versprüht, und Flüsse und Seen werden auf die Felder geleitet, weil der Anbau von Baumwolle viel Wasser verschlingt. Wie viel, das verdeutlicht der ehemalige Aralsee: Das einst imposante Binnenmeer ist zur Wüste mit rostigen Schiffsleichen vertrocknet. Entlang der gesamten Herstellungskette benötigt eine Jeans etwa 8000 Liter Wasser.

Um das Garn zu spinnen, den Stoff herzustellen, ihn zu färben, zu schneiden und zu nähen und die fertige Hose in den Handel zu bringen, gehen die Einzelteile und Halbwaren auf Weltreise. Europa, Asien, Afrika – bis zu 50 000 Kilometer legt das Kleidungsstück zurück und produziert einen gewaltigen CO_2-Fußabdruck. In den jeweiligen Fabriken, treffend »Sweatshops« genannt, leiden die Handwerkerinnen und Handwerker. Laut, heiß und stickig geht es zu, die Sicherheit wird nur unzureichend gewährleistet, es gibt sexuelle Übergriffe gegen Frauen und wenig Ombudspersonen. Die Farbstoffe können giftige Substanzen enthalten, auch die Bleichmittel, die das Denim-typische Dunkelblau aufhellen.

150 Jahre ist es her, dass Levi Strauss und Jacob Davis ein Patent auf ihre robuste Nietenhose erhielten, die später Jeans genannt wurde. In Deutschland wuchs der Import aus Ländern wie Bangladesch, Pakistan und der Türkei binnen 15 Jahren bis 2023 um 63 Prozent auf rund 194 Millionen Stück per annum. Viel ausgeben wollen die Deutschen für die Hose nicht. In einer Umfrage 2019 gaben zwei Drittel an, maximal 50 Euro bezahlen zu wollen.

Wer nach einer Alternative sucht, sollte auf Siegel achten. Die Fair Wear Foundation sowie die Zeichen GOTS (»Global Organic Textile Standard«), IVN zertifiziert BEST und Made in Green von Oeko-Tex stehen für hohe soziale und ökologische Kriterien. Anders als bei Lebensmitteln, muss ein »Bio«-Kleidungsstück nicht vollständig aus ökologischem Anbau stammen; es könnten nur ein paar Prozent der Inhaltsstoffe sein und muss nichts darüber aussagen, woher etwa Knöpfe, Färbemittel und Chemikalien stammen. Vereinzelt setzen Labels wie die schwedische Marke Nudie Jeans auf Langlebigkeit. Sie bietet Kits zum Selberflicken an sowie einen stationären und mobilen Reparaturservice.

C & A geht einen neuen Weg, hat 2022 in Mönchengladbach die Jeansproduktion neu aufgenommen. Mithilfe digital gesteuerter Maschinen, die mit erneuerbaren Energien angetrieben werden, will das Unternehmen Näherinnen und Wäscher entlasten – das »Used«-Design wird dort etwa mit Lasern aufgebrannt, anstatt dafür Chemikalien, Schleifpapier oder Sandstrahler einzusetzen, die zu Staublungen führen können. 800 000 Jeans sollen langfristig pro Jahr das Werk verlassen.

Viel ist das nicht, zehn Jahre nach Rana Plaza. Aber immerhin kein Rückschritt.

44

SKIFAHREN ODER DAHEIMBLEIBEN?

Man sollte meinen, das Thema Skifahren ist schnell abgehakt. Die Pisten-Gaudi kann gar nichts anderes sein als eine Umweltsünde. Saftige Bergwiesen werden von den Millionen Ski- und Snowboardfahrern rasiert und geplättet, die zudem mit ihren immer neuen Ausrüstungen gigantische Ressourcen verschwenden. Unmengen Strom und Wasser werden für Kunstschnee verbraucht, weil Naturflocken immer seltener fallen. Und die Betonfundamente für die Sessellifte zertrümmern die Lebenswelt des Murmeltiers und seiner Freunde. Dazu das Verkehrschaos im Tal!

In all diesen Kritikpunkten steckt viel Wahres. Das kann und will auch der Autor, den schon beim Hinschreiben des Wortes Skifahren eine tiefe Sehnsucht befällt, nicht schönschreiben. Dennoch muss man die Argumente einordnen, denn sie lassen sich inzwischen auf den gesamten flächenfressenden Massentourismus anwenden. Auch die rund 730 deutschen Golfplätze sind in der Regel alles andere als naturbelassen. Den Sonnen- und Badehungrigen werden schützenswerte Dünenlandschaften geopfert. Und die Trails der ungezählten Wanderer und Mountainbiker in den Mittelgebirgen zerschneiden wertvolle Habitate und lösen Erosionen aus. Der

Mensch ist im engen Europa einfach überall – und damit eine Bedrohung für die Natur.

Der Skispaß wäre nicht einmal ein großes Problem, spielte er sich ausschließlich, wie einst, auf Naturschnee ab. Das sagt der Alpenforscher Werner Bätzing. Aber das funktioniert im Klimawandel immer seltener. Im Skiland Österreich, wohin auch viele der rund zwölf Millionen deutschen Wintersport-Fans besonders gern reisen, werden rund 70 Prozent der Pistenfläche künstlich beschneit. Diese Fläche ist übrigens in der Summe gar nicht so groß, wie man annimmt: ein bisschen kleiner als das halbe Wien, das auf der Österreichkarte auch nur ein Fleckerl ist. Insgesamt verschlingt das Beschneien aller Alpenpisten aber mehr Strom im Jahr, als 100 000 Familienhaushalte verbrauchen; und von der Wassermenge, die ein Hektar Kunstpiste pro Saison schluckt, könnte eine Familie mehr als 20 Jahre leben.

Inzwischen haben viele Verantwortliche in den Skigebieten erkannt, dass es mit dem Hochrüsten so nicht weitergehen darf. Manche wollen explizit für einen klima- und naturfreundlichen Skiurlaub sorgen, schon weil sie ihre Geschäftsgrundlage erhalten wollen. So haben sich seit 2006 rund 18 Urlaubsorte als »Alpine Pearls« zusammengeschlossen und streben höchste Nachhaltigkeit an. Mit dabei sind das deutsche Berchtesgaden, Weissensee in Österreich und Ratschings in Südtirol.

Vor allem sollen die Gäste, die dorthin reisen, das Auto zu Hause lassen, denn von den jährlich 45 bis 50 Millionen Alpentouristen kommen rund 84 Prozent mit dem eigenen Pkw. Es gibt vor Ort ein dichtes Nahverkehrsnetz mit Bahnanbindung. Der Verzicht auf den eigenen Wagen entlastet das

Klima beim Wintersport am meisten: Forscher der Eidgenössischen Technischen Hochschule Zürich haben ausgerechnet, dass 75 Prozent des CO_2-Ausstoßes eines einwöchigen Skiurlaubs auf die An- und Abreise zurückzuführen sind. An diesem Punkt könnte jeder die Ökobilanz des Vergnügens deutlich verbessern.

Für viele Regionen wird sich das Thema umweltbelastender Skisport bald von allein erledigen. Alpenforscher Bätzing geht davon aus, dass es bei uns in 20 Jahren unter 2000 Meter praktisch keinen ausreichenden Schnee mehr geben wird, um Ski fahren zu können; die Temperaturen werden selbst für Kunstschnee zu hoch ausfallen. Wer will da noch investieren?

Der Klimawandel fordert bereits schleichend seinen Tribut: Seit den 90er-Jahren geht die Zahl der Skigebiete in den bayerischen Alpen zurück – wegen mangelnder Schneesicherheit. Wo es vor einiger Zeit noch nach Kasspatzn, Pommes und Jagertee roch, duften nun wieder Alpenkräuter und Zirbenholz.

45

KUGELSCHREIBER ODER FÜLLER?

Fortschritt entsteht oft dort, wo keiner ihn vermutet, manchmal müssen nur einige Kinder spielen. Das jedenfalls hat László Bíró einmal erzählt, ein Ungar. Kennen Sie nicht, den Mann? Egal, aber was er erfunden hat, haben Sie bestimmt schon mal in der Hand gehalten. Bíró beobachtete in den 30er-Jahren des vergangenen Jahrhunderts Kinder, wie sie Murmeln warfen. Rollte eine durch eine Pfütze, hinterließ sie eine Spur. Bíró grübelte. Ob er die Beobachtung nutzen könnte? Er konnte. Er erfand den Kugelschreiber. Am Ende einer Mine steckt eine kleine Kugel, und dreht sie sich, befördert sie eine Tintenpaste aus der Mine aufs Papier. Das Schreiben ohne Klecksen war geboren.

Der »Kuli« ist aus dem Alltag nicht mehr wegzudenken. Etwa 500 Millionen Stück sollen, so Experten, pro Jahr hierzulande unters Volk gebracht werden. Oft als Werbeartikel, bedruckt mit Sprüchen oder Logos. Schreiben ist trotz Handy und Computer oft noch Handarbeit – aber brauchen wir so viel Plastikware? Womit schreibe ich, wenn ich nachhaltig sein will? Mit dem Kuli? Oder besser mit einem Füller?

Tatsächlich verwenden wir viel zu viel Plastik. Jeder Deutsche erzeugt pro Jahr 76 Kilo Kunststoffmüll, die Überbleibsel finden sich oft, wo sie nicht hingehören: in den Mägen von Walen, Delfinen oder Robben. Weniger Plastik heißt mehr Umwelt, und bei Schreibgeräten geht noch etwas. Laut einer Studie des Fraunhofer-Instituts ließen sich jährlich 60 000 Tonnen Kunststoff sparen, wenn in Büros nur Stifte aus Recycling-Material genutzt würden.

Fürs grüne Gewissen bieten Hersteller Stifte aus Holz, Biokunststoffen wie Maisstärke oder aus recyceltem Kunststoff an. Und doch sagen Experten, die sich beim Heidelberger Institut für Energie- und Umweltforschung (Ifeu) den Ökobilanzen von Produkten widmen: Aus welchem Material ein Schreibgerät gefertigt wurde, ist nicht die wichtigste Frage. Auch nicht, ob es ein Kuli oder ein Füller ist. Kulis sind in Ordnung, wenn man nur wenige davon besitzt und wenn sie nachfüllbar sind. Dabei ist übrigens der Werbe-Kuli besser als sein Ruf; meist hält er bis zu drei Jahre, und mit einer Mine, so die Hersteller, lassen sich bis zu 30-mal so viele Blätter beschreiben wie mit einem einmal betankten Füller. Wie stark die Produktion das Klima schädigt, ist unklar. Unabhängige Ökobilanzen fehlen, sagen Fachleute.

Gefährlich ist der Kugelschreiber aber auch. 300 Menschen sterben hierzulande jährlich durch ihn, weil sie ein Teil davon verschlucken. Statistisch betrachtet, so die Versicherer, ist der Kuli viermal tödlicher als eine Kugel, sterben doch durch Schusswaffen nur 70 Menschen. Manche Tinten enthalten krebserregende Stoffe oder Konservierungsmittel, die Allergien auslösen können, doch vergiften kann man sich laut Weltgesundheitsorganisation mit den Stiften nicht. Dafür sind die Mengen zu gering.

Dass der bewusste Gebrauch von Schreibgeräten nur ein kleiner Schritt im Kampf gegen den Plastikabfall sein kann, zeigt die Statistik: Stifte, schätzt die Umweltorganisation NABU, machen weniger als drei Prozent des Kunststoffmülls aus, den Hauptteil, knapp 60 Prozent, liefern Verpackungen wie Folien ums Obst oder der Kaffeebecher für unterwegs. Weniger Plastik heißt vor allem weniger Verpackung.

Sind Einweg-Kulis also gar kein Problem? Doch, so die Ifeu-Experten. Eine Abkehr davon bewirke viel. Im Kopf. Oft heiße es, man solle das Auto stehen lassen oder auf die Flugreise verzichten, der Umwelt zuliebe. Doch solche großen Schritte fielen oft schwer: »Der Verzicht auf den Einweg-Kuli kostet wenig, zeigt aber, wie man sich von Dingen befreien kann. Nachhaltiger Konsum muss nicht wehtun, man kann ihn üben und klein anfangen.« Der Kuli als Starthilfe für ein bewussteres Leben – László Bíró hätte die Idee vermutlich gefallen.

Bleistifte halten am längsten durch

▶ So viele Meter Strich schaffen Schreibgeräte

Schulfüller (pro Tintenpatrone)	300 m
Gelroller	1200 m
Tintenroller	2500 m
Kugelschreiber	10 000 m
Bleistifte	56 000 m

Quelle: Wikipedia; https://de.wikipedia.org/wiki/Schreiblänge; Stand Juli 2024.

46

E-ZIGARETTEN ODER
GAR NICHT RAUCHEN?

Die Deutschen rauchen wieder häufiger seit Corona. Der Stress der Pandemie verleitete offenbar viele Menschen dazu, Entspannung bei einer Zigarette zu suchen. Laut Untersuchungen ist ihre Zahl in der Krise um ein Viertel gestiegen. Vor allem Ex-Raucher, die schon mal den Absprung geschafft hatten, seien rückfällig geworden.

Für deren Gesundheit ist das aus bekannten Gründen keine gute Nachricht. Was oft unerwähnt bleibt: Auch für das Klima und die Umwelt hat die neue Qualmsucht erhebliche Folgen.

Wie groß diese sind, hat die Weltgesundheitsorganisation (WHO) zum internationalen Nichtrauchertag am 31. Mai 2022 kompakt zusammengefasst. Demnach produzieren fast 500 Fabriken in 125 Ländern sechs Billionen Zigaretten pro Jahr. Bei der Herstellung und dem Konsum entstehen 80 Millionen Tonnen Kohlendioxid. Problematisch ist zudem der Ressourcenverbrauch: Jede einzelne Zigarette benötigt entlang ihrer Lieferkette 3,7 Liter Wasser, Tabak verschlingt somit achtmal mehr Wasser als Tomaten und Kartoffeln. Um Platz für die Pflanzen zu schaffen, werden jährlich rund

200 000 Hektar Fläche gerodet; insgesamt ist der Anbau für fünf Prozent der globalen Entwaldung verantwortlich. Von einer für den Boden erholsamen Fruchtfolge kann man dabei kaum sprechen: Die Farmer legen Tabak in der Regel als Monokultur an und behandeln diese mit Mitteln, die zum Teil so aggressiv sind, dass ihr Einsatz in westlichen Ländern verboten wurde.

Damit nicht genug. Von den gerauchten Zigaretten landen die meisten nicht im Mülleimer, sondern auf der Straße, in Parks, Flüssen und Meeren: Unglaubliche 4,5 Billionen Stummel sollen es schätzungsweise weltweit pro Jahr sein. Allein in Deutschland müssen Städte und Gemeinden jährlich 225 Millionen Euro ausgeben für das Einsammeln des Drecks. Dass die Zigarettenfilter als kaum verwüstbares Mikroplastik ansonsten weiterleben würden und eine einzelne Kippe bis zu 1000 Liter Wasser für Fische und andere Organismen unbewohnbar machen kann, wissen offenbar nur wenige Raucher. Vielmehr wird der Schaden gesellschaftlich ignoriert. Achtlos weggeschnippte Zigaretten sind der wahrscheinlich am breitesten akzeptierte Giftmüll, den wir produzieren. Die WHO überschrieb ihr Papier übrigens mit dem unmissverständlichen Titel »Tobacco: Poisoning our Planet« – Tabak: die Vergiftung unseres Planeten.

Heißt das, dass sich die Ökobilanz ohne Tabak verbessern ließe? Wenn also mehr Raucher auf E-Zigaretten umstiegen? Mit diesen Geräten atmet man den Dampf einer erhitzten Flüssigkeit (»Liquid«) ein, die häufig Nikotin enthält, aber keinen Tabak. Forscher sagen, dass es für eine Entwarnung noch zu früh sei. Es fehle bislang an aussagekräftigen Studien. Als umweltfreundlich dürften E-Zigaretten aber kaum durchgehen. Wie die WHO erklärt, enthalten sie Kunststoffe,

Mikrochips, Batterien sowie Platin, Gold und Keramik, und die Mehrzahl der Bauteile ist nicht darauf ausgelegt, am Lebensende eines Geräts recycelt zu werden. Und sofern das Nikotin nicht synthetisch entsteht, muss es ebenfalls aus Tabakpflanzen gewonnen werden.

Hinzu kommt ein Trend, der in Deutschland im Jahr 2022 begann: E-Zigaretten als Einwegmodelle finden rasenden Absatz. Ihr Marktanteil beträgt bereits rund 40 Prozent. Obwohl man den enthaltenen Akku leicht in eine wiederaufladbare Variante umbauen könnte, tun es die Hersteller nicht. Das führt dazu, dass die Dampfraucher ihr Gerät nach wenigen Tagen – oder umgerechnet etwa 600 Zügen – in den Müll werfen müssen. Viele entsorgen es, ähnlich wie die Tabakzigarette, irgendwo auf der Straße oder im Gebüsch. Beim Recyclinghof, wo der Elektroschrott eigentlich fachgerecht auseinandergenommen werden müsste, gibt ihn kaum jemand ab.

Offenbar sind bei diesen Dampfern die Sinne inzwischen vollends vernebelt.

47

BAHN ODER BUS?

Zugegeben, ich ärgere mich oft über die Bahn. Und ich habe reichlich Anlass: Mein beruflicher und privater Reisealltag ist geprägt von ausgefallenen Zügen, verspäteten Abfahrten und verpassten Anschlüssen. Immer häufiger redet eine innere Stimme auf mich ein: Nimm besser das Auto, wenn du pünktlich und stressfrei ans Ziel kommen willst! Und dann nehme ich das Auto und habe ein schlechtes Gewissen, obwohl ich fast immer elektrisch mit 100 Prozent Ökostrom fahre. Warum die Sorge? Weil die Bahn angeblich unschlagbar umweltschonend ist. Aber stimmt das wirklich? Fällt der Öko-Vergleich zwischen den Verkehrsmitteln so eindeutig aus?

Schaut man auf die wissenschaftlichen Fakten, erlebt man einige Überraschungen. Das Umweltbundesamt hat Daten für 2020 zusammengetragen. Betrachten wir zunächst den Nahverkehr. Da stößt ein Auto im Durchschnitt 152 Gramm Treibhausgase pro Personenkilometer aus, die Bahn 85 Gramm, ein Linienbus 111 Gramm. Bei der Belastung durch Stickoxide, Feinstaub und andere Partikel liegt das Auto bei kurzen Strecken in der Größenordnung von Bahn und Bus. Beim Kohlenmonoxid, dem toxischen Gas, das aus dem Auspuff strömt, emittiert ein Auto allerdings bis zu 15-mal mehr als die Konkurrenz.

Zwischenbilanz eins: Achtet man ausschließlich auf Treibhausgase, ist man allein am Pkw-Steuer im Nahverkehr tatsächlich ziemlich umweltschädigend unterwegs. Wer dagegen zum Beispiel mit drei und mehr Personen regelmäßig zur Arbeit pendelt, liegt deutlich besser im Rennen und muss sich nicht allzu sehr wegen seiner Ökobilanz den Kopf zerbrechen.

Bei Fernverkehr wächst der Abstand zwischen den Verkehrsmitteln deutlich. Das Auto stößt nach wie vor 152 Gramm pro Kilometer in die Luft, die Treibhausgasemissionen der Bahn sinken dagegen rechnerisch auf 50 Gramm pro Personenkilometer, die des Fernbusses betragen nur noch 27 Gramm. Bei den anderen Messwerten ändert sich nicht allzu viel. Zwischenbilanz zwei: Wer auf langen Strecken das Klima schonen will, sollte die Busreise bevorzugen, auf Platz zwei liegt die Bahn. Der eigene Verbrenner hat keine Chance.

Und wie steht es um Elektroautos? Hier liegen die Treibhausgasemissionen im Fahrbetrieb bei etwa 55 Gramm pro Kilometer, wenn man den aktuellen deutschen Strommix zugrunde legt – fast die Hälfte des Stroms stammt noch aus fossilen Quellen. Das heißt: Im Fernverkehr schneiden Bus und Bahn besser ab, wenn nur eine Person im E-Auto reist. Fließt im Pkw allerdings reiner Ökostrom, tendieren die Treibhausgasemissionen im Betrieb gegen null. Dann sind E-Autos unschlagbar, und Verbrennerbusse haben gegen die grüne Energie keine Chance mehr.

Kritiker bemängeln, dass bei dieser Betrachtung einige Punkte unberücksichtigt bleiben. Zum einen die Klimabelastung bei der Herstellung der Fortbewegungsmittel. Zum anderen die klimaschädliche Flächenversiegelung durch Straßen, die Autos und Busse benutzen. Das Schienennetz ist rund 33 400 Kilometer lang, Straßen ziehen sich über rund 830 000 Kilometer durch die Republik. Doch selbst wenn man beide Aspekte mit in die Kalkulation einbezieht, ändert sich an der Grundaussage wenig.

Anderer Einwand: Die Bahn ist nicht so grün, wie sie in ihrer Werbung behauptet. Sie verbraucht im Jahr rund zehn Terawattstunden Strom – etwa so viel wie ganz Hamburg. Nur etwa 62 Prozent davon stammen aus erneuerbaren Energien. Man reist also nie wirklich klimaneutral.

Was bleibt als Fazit? Die Deutschen legen jeden Tag im Durchschnitt mehr als zwei Milliarden Personenkilometer mit Pkw oder öffentlichen Verkehrsmitteln zurück – eine gigantische Belastung für Mutter Erde. Am Ende entscheidet der Brennstoff, ob man sich umweltschonend fortbewegt. Und da gibt es – wenn man nicht Füße oder Fahrrad wählt – einen eindeutigen Sieger: grünen Strom aus Sonnen-, Wind- und Wasserkraft.

48

ECHTE WURST ODER VEGGIE?

Dass ein Bundeskanzler die Veggie-Wurst erfunden hat, klingt wie ein schlechter Witz. Ist aber wahr. Der Kanzler hieß Konrad Adenauer, und bevor er in Bonn regierte, war er Lebensmitteldezernent in Köln. Es war das Jahr 1915, Deutschland führte Krieg, die Menschen hungerten, und so erfand Adenauer eine Wurst aus Sojabohnen, damit »dem Konsumenten das Pflanzeneiweiß unter der Maske der Fleischnahrung gegeben wird«, wie er damals schrieb. Soja musste sich als Wurst tarnen.

Heute, gut 110 Jahre später, ist die getarnte Wurst Trend, verkauft der Traditionshersteller Rügenwalder mehr pflanzlichen als tierischen Aufschnitt. Doch was ist besser für Umwelt und Mensch, die echte oder die nachgemachte Wurst?

Wurst ist gelebte Nachhaltigkeit. Sie entstand, weil man ein geschlachtetes Tier gut nutzen und neben Fleisch auch Blut und Innereien verwerten wollte, es gibt sie seit über 7000 Jahren. Doch der Natur schadet sie. Fleischerzeugung braucht mehr Energie als Pflanzenproduktion, weil dafür Tierfutter angebaut werden muss. Imitate liegen daher in der Klimabilanz vorn. Die vegane Wurst setzt pro Kilo nur

1,7 Kilo CO_2 frei, so eine Studie des Instituts für Energie-und Umweltforschung (Ifeu), bei der tierischen Wurst sind es 2,9 Kilo CO_2. Aber: Der Vorteil der Pflanzenvariante verringert sich, wenn Eiklar benutzt wird, um sie zu binden. Auf der anderen Seite erhöht sich die CO_2-Bilanz der Traditionswurst je nach Fleischsorte – Huhn und Schwein sind unproblematischer als Rind.

Schaden soll die Wurst auch der Gesundheit. Nach einer Metaanalyse von 2015 erhöht sie die Gefahr von Darmkrebs um 18 Prozent. Für den Durchschnittsmenschen liege das Darmkrebsrisiko bei 5,6 Prozent (Frauen) und 7,1 Prozent (Männer), für Wurstfreunde steige es auf 6,6 Prozent (Frauen) und 8,4 Prozent (Männer).

Allerdings gibt es eine Wissenschaftlergruppe namens Nutrirecs, die das anders sieht. Die Forscher halten von den meisten Ernährungsstudien nichts. Der Grund: Idealerweise bildet man für die Forschung zwei vergleichbare Gruppen, von denen eine etwa ein Medikament bekommt, die andere ein Placebo. Bei Ernährungsstudien geht das so nicht, also wird stattdessen befragt und gerechnet. Nutrirecs hält das für wenig überzeugend – und das Krankheitsrisiko durch Fleischkonsum für gering. Die Realität stützt diesen Befund. Japaner (31 Kilo pro Jahr), Norweger (49 Kilo) und Dänen (51 Kilo) essen weniger Fleisch als Deutsche (61 Kilo), doch Darmkrebs ist bei ihnen verbreiteter. Japan hat 39 Fälle auf 100 000 Einwohner, Norwegen 43, Dänemark 41, Deutschland 32. Für den Ernährungswissenschaftler Malte Rubach ist ein »klarer Zusammenhang zwischen verarbeiteten Fleischwaren und Krebs nicht erkennbar«.

Fleisch und Wurst machen auch nicht unbedingt dick. Franzosen (67 Kilo) essen mehr Fleisch als wir, Italiener

(59 Kilo) kaum weniger. Dennoch leiden sie im Alter seltener unter Übergewicht. Österreicher (99 Kilo) essen viel mehr Fleisch als wir, sind aber fast ähnlich oft übergewichtig wie die Deutschen. Die Finnen (45 Kilo) wiederum essen weniger Fleisch und leiden im Alter mehr unter zu vielen Pfunden.

Veggie-Würste punkten mit ihren Inhalten. Sie haben weniger Fett und kein Cholesterin, weil sie meist aus Hülsenfrüchten bestehen. Manchmal finden sich darin auch umstrittene Mineralölbestandteile. Die Zeitschrift »Öko-Test« gab 2023 unter anderem deshalb zwei Drittel von 18 veganen Aufschnitten die Noten »mangelhaft« oder »ungenügend«.

Das Fazit? Beim Klima- und Tierschutz punkten die Veggies. Für die Gesundheit ist es egal, welche Variante auf dem Teller liegt – jedenfalls, wenn man nur ab und zu in die Wurst beißt. »Die Dosis macht das Gift«, sagte schon Paracelsus. Beim Geschmack liegen oft die echten Würste vorn, wie die

Vegetarische und vegane Fleischersatzprodukte

Jahr	Produktion in Deutschland
2019	60 400 t
2020	83 700 t
2021	97 900 t
2022	104 300 t

Quelle: Destatis; www.destatis.de/DE/Presse/Pressemitteilungen/2023/05/PD23_N027_42.html; Stand Juli 2024.

Stiftung Warentest zeigte. Die Pflanzenwürste holen aber auf. Ob Adenauers Sojawurst den Kölnern schmeckte, ist unklar. Das Patentamt ließ sie nicht zu, es gab rechtliche Bedenken. Das Ausland hatte weniger Einwände, dort bekam er sein Patent.

49

PLASTIKZAHNBÜRSTE ODER BIO?

Jeden Tag zweimal die Zähne putzen und alle drei Monate die Bürste wechseln – es gibt wohl kaum einen Ratschlag zur Körperpflege, der so bekannt und so weit verbreitet ist. Zu Recht. Mundhöhlen sind ein Paradies für Bakterien, und wer morgens und abends gründlich schrubbt, nicht zu fest natürlich, wird seltener von Karies und Parodontitis gequält.

Was medizinisch sinnvoll ist, ist ökologisch allerdings fragwürdig. Der Plastikmüll der Zahnbürsten verschmutzt die Umwelt, ruiniert die Meere und heizt den Klimawandel an. Deshalb werben immer mehr Start-ups und etablierte Konzerne mit »erdölfreien Borsten«, Griffen »aus 100 Prozent recyceltem Plastik« sowie Handbürsten und Steckaufsätzen aus Holz. Was davon wirklich nachhaltig ist, lässt sich beim Kauf jedoch kaum erkennen.

Auch wenn man tiefer in das Thema einsteigt, bleiben Fragen offen, denn die Datenlage ist noch dünn. Obwohl das Problem ein universelles ist – Plastikzahnbürsten gibt es seit knapp 100 Jahren und fast alle acht Milliarden Menschen nutzen mehr oder weniger regelmäßig eine –, haben sich bislang nur wenige Wissenschaftler mit der Ökobilanz der Bürsten auseinandergesetzt.

Eine Studie, auf die unter anderem die Bundeszahnärztekammer in ihrer Broschüre »Nachhaltige Zahnmedizin« verweist, erschien vor zwei Jahren im »British Dental Journal«. Darin werden vier Bürsten miteinander verglichen: das Standardexemplar aus Plastik, ein Modell aus Bambus, eins aus Bioplastik, dessen Kopf ausgetauscht werden kann, und ein elektrisches Gerät mit ebenfalls wechselbaren Borsten. Die Forscher kalkulierten den Materialeinsatz für einen Zeitraum von fünf Jahren und prüften die Lieferketten bis hin zur Entsorgung.

Das Fazit: Die Elektrobürste schnitt am schlechtesten ab. In 15 der 16 untersuchten Kategorien – unter anderem Landnutzung, Feinstaubbildung, Anreicherung von Nährstoffen in Süßwasser – hatte sie die höchsten Werte, häufig mit deutlichem Abstand zur Konkurrenz. Den größten negativen Effekt hatten der Transport sowie die benutzten Rohstoffe. Das Laden des Geräts fiel dagegen kaum ins Gewicht.

Sieger des Vergleichs wurden das Bambus- und das Wechselkopfmodell. Das Erstere konnte vor allem beim Kunststoffverbrauch punkten. Da bei ihm nur die Borsten aus Nylon bestanden, kamen über die Nutzungszeit von fünf Jahren gerade einmal elf Gramm Plastik zusammen, die im Müll landeten – 97 Prozent weniger als bei der herkömmlichen Einwegbürste.

Angesichts ihrer Ergebnisse erklärten die Forscher, dass Zahnärzte sich an der Ökobilanz orientieren sollten, wenn Patienten nach empfehlenswerten Bürsten fragen. Und tatsächlich konnte eine neuere britische Studie keine Belege dafür liefern, dass Handbürsten per se schlechter vor Karies und Parodontitis schützen als elektrische Bürsten.

Zugleich räumen die Experten ein, dass ihre Untersuchung

166

Grenzen hat – schon weil der Markt in Bewegung ist. Ob etwa inzwischen erhältliche Ultraschallgeräte, die aus recyceltem Kunststoff bestehen und laut Hersteller »klimaneutral« sind, in einer neuen Studie so deutlich hinter dem Rest des Feldes landen würden, lässt sich nicht sagen. Zudem ist denkbar, dass E-Bürsten, die über Smartphone-Apps das Putzverhalten analysieren, einen ökologischen Mehrwert erzeugen, weil der Nutzer seltener zum Arzt muss. Und: Verschiedene Hölzer wurden bislang ebenfalls nicht untersucht. Bambus wächst in China, heimische Bäume könnten die Belastungen durch die Lieferwege noch einmal deutlich senken.

Unabhängig von alledem sollte man ausrangierten Zahnbürsten immer ein zweites Leben schenken, um weiteren Nutzen zu stiften: etwa als Reinigungshilfe für Fahrradketten, Fugen oder Schuhe. Neben den Zähnen muss schließlich auch immer noch irgendetwas anderes im Haushalt geputzt werden.

50

BROT VOM BÄCKER
ODER SUPERMARKT?

Seit geraumer Zeit hat der Discounter Aldi in unserer Filiale sein Backwarenangebot angenehm erweitert. Klar, es gibt dort weiterhin das preiswerte, verpackte Fabrikbrot von teils kühner Konsistenz. Auch liegen für kulinarische Heimwerker Backmischungen und Einzelzutaten in den Regalen. Neu im Sortiment sind die Laibe unseres örtlichen Bäckers. Der Händler vertreibt sie zum gleichen Preis wie in der Bäckerei. Aus Geschmacksgründen greife ich meist zur Ware des heimischen Handwerks. Aber ist das auch ökologisch die richtige Wahl?

Mehr als 3000 Sorten Brot sind bundesweit registriert. 2022 gönnten sich die Deutschen rund 1,7 Millionen Tonnen davon. Durchschnittlich einmal pro Woche steht ein Vertreter eines jeden Haushalts vor der Entscheidung: Welches Brot kaufe ich – und wo?

Das »Welches« ist statistisch klar: Am besten läuft Toast, gefolgt von Mischbrot. Beim »Wo« gibt es ebenso eindeutige Zahlen: Es existieren bundesweit noch gut 9500 Bäckereibetriebe, aber zwei Drittel des Gesamtumsatzes streichen Großbäckereien ein. Was Romantiker bedauern, kann ein Segen für das Klima sein, zumindest wenn man auf den Energieverbrauch schaut. Eine normale Bäckerei muss rund 3,5 Kilowattstunden Strom für ein Kilogramm Brot aufbringen (ohne den Transport); der Backprozess beansprucht zwei Drittel davon. Brotfabriken mit ihren computergesteuerten Riesenöfen, die Massen von Teig aufnehmen, produzieren energetisch deutlich effizienter.

Doch bei einer Ökobilanz geht es nicht nur um den Backofen. Man muss die gesamte Wertschöpfungskette betrachten. Wissenschaftler der University of Sheffield haben sich die Mühe gemacht, den ökologischen Fußabdruck eines konventionellen 800 Gramm schweren Vollkornbrotes auszurechnen, vom Anbau des Getreides bis zum Backvorgang. Mit den gesammelten Daten bestimmten sie verschiedene Aspekte der Umweltbelastung, darunter das Treibhauspotenzial. Ihr Ergebnis: Die Herstellung des 800-Gramm-Brots veranlasst im Schnitt 589 Gramm CO_2-Emissionen. Das entspricht 3,5 Kilometer Autofahren mit einem Golf-Benziner. Klingt erst einmal nicht so beängstigend. Bedenkt man aber, dass dieses Jahr global etwa 167 Millionen Tonnen Brot verzehrt wird, kann man nur sagen: Jedes Gramm zählt.

Schneidet selbst gebackenes Brot besser ab? Ich kenne keine wissenschaftliche Untersuchung, die zu einem eindeutigen Ergebnis kommt. Stets heißt es: Es kommt darauf an. Ein Fabrikbrot kann, wie gesagt, besser sein wegen der Energieeffizienz. Der Bäcker um die Ecke und der Heimwerker können dafür leichter nachhaltige Rohstoffe aus der Region einsetzen, wenn sie es wollen.

Nur: Davon gibt es gar nicht so viele. Lediglich drei Prozent des deutschen Getreides hat Bioqualität. Deshalb muss auch der Bäcker um die Ecke das Korn oft über weite Strecken und damit umweltbelastend beschaffen.

Fest steht: Wer möglichst klimaschonend Brot genießen will, sollte beim Einkauf auf die Zutaten achten. Die Ökoqualität des eingesetzten Mehls ist nämlich viel gravierender, als es Strom und Gas für den Backvorgang sind. Mehr als die Hälfte aller Umweltbelastungen werden beim Anbau des Getreides und beim Transport erzeugt. Die Backstube macht den Rest aus. Beim Anbau schlägt vor allem der massive Einsatz von ammonium- und nitrathaltigen Düngemitteln ins Kontor.

Beim Brotbacken daheim gilt Ähnliches wie bei den Profis: Der Verbrauch des Heimofens ist zwar pro Brot viel höher als bei einem Profiofen, aber auch hier fällt das Vorleben der Backmischung oder der Zutaten am stärksten ins Gewicht. Leider sind die Provenienzen für Verbraucher oft kaum ermittelbar. Fragen hilft.

Der Rat der Experten: Im Zweifel lieber auf Mehl aus der Region achten als auf blumige Biosiegel der Hersteller, denn die sind oft nicht eindeutig definiert oder sagen wenig über die Transportwege aus.

51

SATELLITENSCHÜSSEL ODER STREAMEN?

Aufgewachsen bin ich in einem kleinen Dorf in Hessen. Dort gab es bis vor wenigen Jahren keinen Kabelanschluss. Wie in vielen einwohnerschwachen Regionen war es den Anbietern zu teuer, ein Kabelnetz zu verlegen, der Gewinn wäre ihnen viel zu niedrig ausgefallen. Meine Eltern ließen, wie viele in der Gegend, irgendwann eine Satellitenschüssel installieren und schauten fortan so fern. Die Digitalisierung ist in Deutschland zwar eine Schnecke, nun kommt sie aber doch in dem Dorf an. Kürzlich lag das Angebot »Glasfaser-Anschluss auch für Sie!« in ihrem Briefkasten.

Seitdem sind meine Eltern ins Grübeln gekommen: Lohnt sich das für uns? Oder verbraucht das neue Fernsehen am Ende viel mehr Strom als die Satellitenschüssel? Eine wichtige Frage, gerade seit der Energiekrise, wo klar wurde: jede Kilowattstunde zählt. Ein »Stern«-Leser schickte uns für die »Ökobilanz« die Frage: Streaming, Kabel oder Satellitenschüssel – wie schaut man am umweltfreundlichsten Fernsehen?

Googelt man diese Frage, stößt man auf allerlei knallige Schlagzeilen. Videostreaming werde wegen seiner hohen

Belastung für Umwelt und Klima bald das neue Fliegen, heißt es da. Oder: Unsere wachsende Liebe für Onlinevideos werde uns in den Weltuntergang treiben. Aber ein Blick auf die Fakten offenbart schnell, dass diese Schockprognosen auf übertriebenen Schätzungen basieren – und nicht auf belastbaren Daten.

Computerwissenschaftler Daniel Schien von der Universität in Bristol ärgern solche freihändigen Vorhersagen. »Das ist ein komplexes Thema, das sollte man nicht so vereinfachen«, sagt er. Wie es besser geht, hat er in einer Studie gezeigt. Ein Jahr lang verglichen er und sein Team am Beispiel des britischen TV-Senders BBC den durchschnittlichen Stromverbrauch beim Streamen sowie beim TV-Konsum via Kabel oder Satellitenschüssel.

Dabei zeigt sich klar, wie stark sich der Stromverbrauch – und damit die Belastung für die Umwelt – unterscheidet, je nachdem, welcher Abschnitt der Übertragung untersucht wird. Betrachtet man, wie ein Film ins heimische Wohnzimmer gelangt, wird beim Streaming mehr Energie benötigt. Denn für jeden einzelnen Nutzer muss der Film auf dem Server bereitgestellt und verschickt werden. Beim Satellitenfernsehen wird das Signal dagegen gleichzeitig auf alle Empfangsgeräte gesendet. Das senkt den Strombedarf für die Betreiber. Dasselbe gilt auch fürs Kabelfernsehen.

»Aber«, so sagt Schien, »am Ende kann man diese Unterschiede vernachlässigen, denn der größte Teil des Energieverbrauchs entsteht erst durch die Endgeräte zu Hause, also durch die Fernseher, die Router, Repeater oder das WiFi.« So fressen TV-Geräte mit großen Bildschirmdiagonalen wesentlich mehr Strom als Smartphones oder Laptops, auf denen vor allem jüngere Leute gern Videos streamen. Dazu kommen die sogenannten Set-Top-Boxen für Satellitengeräte oder Kabelfernsehen, die meist ständig »on« sind, also im Empfangsmodus – und dadurch viel Energie verbrauchen, selbst wenn niemand irgendetwas schaut.

Laut Schiens Berechnungen sind die große Flachbildschirme durch ihren hohen Stromverbrauch und ihre Herstellung am klimafeindlichsten. Dazu addiert sich die Entsorgung der Elektrogeräte, wenn modernere und noch leistungsstärkere angeschafft werden. Deswegen empfiehlt Experte Schien: »Sie sollten weniger Endgeräte kaufen, und wenn es doch notwendig ist, nur solche, die ›refurbished‹ sind – also gebraucht und generalüberholt.«

Was ich nun meinen Eltern rate? Und unserem Leser? Bleiben Sie bei dem System, das Sie haben. Das reduziert den Elektroschrott und ist damit ganz sicher am besten für die Umwelt. Kuscheln Sie sich dann noch zu zweit unter eine Decke, und schauen Sie gemeinsam statt jeder für sich. Das ist nicht nur gemütlich, sondern halbiert auch den Stromverbrauch.

52

BIOPLASTIK ODER KLASSISCHER KUNSTSTOFF?

Michael Stipe will weniger Plastik verbrauchen. Der einstige Sänger der Band R.E.M hat 2022 eine neue Maxisingle veröffentlicht und diese nicht aus Vinyl fertigen lassen, sondern aus Bioplastik. »Future If Future« sei die erste Platte, die den alternativen Stoff einsetzt, so der Musiker; er unterstützt mit dem Erlös eine Klimaschutzorganisation.

Nur: Stipes Aktion wird wenig bewirken; es wurden gerade mal 500 Exemplare der Platte gepresst. Aber sie reiht sich ein in einen Trend. Eine wachsende Zahl von Firmen wirbt mit Spielzeug, Vorratsdosen, Handyhüllen, Zahnbürsten, Kaffeekapseln und zunehmend auch Verpackungen, die besser für die Umwelt und das Klima sein sollen, weil sie Bioplastik enthalten. Schaut man sich die vermeintliche Lösung allerdings näher an, stellt man fest, dass mit ihr kaum etwas gewonnen ist. »Grundsätzlich haben biobasierte Kunststoffe keine eindeutig bessere Ökobilanz als herkömmliche Kunststoffe«, teilt der Bund für Umwelt und Naturschutz Deutschland (BUND) mit. Das Umweltbundesamt zieht dasselbe Fazit. Sind Biokunststoffe nachhaltiger als konventionelle? »Eher nein«, lautet die Antwort.

Es fängt schon beim Namen an. Bei Lebensmitteln ist der Begriff »bio« geschützt, bei Plastik nicht. Gemeint ist lediglich, dass es aus nachwachsenden Rohstoffen besteht, also etwa aus Mais, Bambus, Zuckerrohr oder Süßgras. Mit ökologischem Anbau hat das wenig zu tun. In der Regel stammen die Stoffe aus der konventionellen Landwirtschaft, die viele Flächen, Wasser und Düngemittel beansprucht und zur Versauerung der Meere, Abnahme der Biodiversität und zunehmender Erderwärmung beiträgt. Noch verwirrender wird's, wenn Plastik das Label »biologisch abbaubar« trägt. Das bedeutet, dass die enthaltenen Rohstoffe enzymatisch und mikrobiologisch gespalten werden können. Für diese Eigenschaft muss ein Kunststoff aber keine nachwachsenden Rohstoffe enthalten. Er kann auch auf Erdöl basieren. »Die biologische Abbaubarkeit hängt nicht vom Rohstoff ab, sondern von der chemischen Struktur des Endprodukts«, so das Umweltbundesamt.

Allerdings kann Biokunststoff durchaus kleine Vorteile haben. Verglichen mit gewöhnlichem Plastik fällt zum Teil deutlich weniger CO_2 bei der Produktion an. Aber weil keine präzise Definition existiert, warnt selbst der Lobbyverband Bioplastic Feedstock Alliance davor, biobasiertes und biologisch abbaubares Plastik in die Natur zu werfen.

Zumal es sich dabei selten um reine Produkte handelt. Nachwachsende Rohstoffe werden gern mit anderen vermischt, auch mit erdölbasierten. Laut BUND sind »in praktisch allen Biokunststoffen Additive enthalten«, und an vielen von diesen »sind toxische Wirkungen nachgewiesen worden«, die sich nicht wesentlich von herkömmlichen Kunststoffen unterscheiden. Deutlich wird das Dilemma bei Kompostbeuteln, die fürs Sammeln von organischem Abfall gedacht sind und häufig als »kompostierbar« angepriesen werden. In der Regel kann man sie mitnichten in die braune Tonne werfen. Die Beutel brauchen bestimmte Voraussetzungen und zwölf Wochen Zeit, um sich zu zersetzen; industrielle Kompostieranlagen hingegen sind auf kürzere Vergärungszeiten ausgelegt. Das heißt: Wird Biomüll zu Blumenerde umgewandelt, bleiben Plastikreste übrig, die in der Natur landen. Deshalb fischen Abfallbetriebe die Beutel aus dem Biomüll und verbrennen sie. Ausnahmen gibt es – dazu sollte man seinen kommunalen Entsorger befragen. Oder zu Beuteln aus vollkompostierbarem Papier mit dem Siegel »Blauer Engel« greifen.

Der Musiker Michael Stipe muss sich bei seiner Bioplastik-Platte um all das vermutlich keine Sorgen machen. Die Fans werden die Maxisingle wohl sehr lange aufbewahren. Wirklich durchdacht war seine Aktion trotzdem nicht.

53

KARTE ODER BARGELD?

Die Deutschen lieben Bares. Vor allem die Älteren zücken immer noch häufig das Portemonnaie. Es gibt ja auch genug Bargeld: Im Euroraum sind insgesamt 29 Milliarden Banknoten und 144 Milliarden Münzen im Umlauf. Das heißt auch: Gewaltige Mengen wertvoller Rohstoffe sind im Einsatz. Würde man sämtliche Banknoten aufeinanderlegen, ragte der Stapel 2900 Kilometer hoch in den Himmel; bei den Münzen wären es sogar mehr als 230 000 Kilometer.

Unter jüngeren Menschen wird das Bezahlen mit Karte oder App immer beliebter. Rund 160 Millionen Bank- und Kreditkarten sind in Deutschland im Verkehr. Das klingt auf den ersten Blick viel umwelt- und klimafreundlicher. Aber ist das tatsächlich so?

Die Niederländische Nationalbank (DNB) ist dieser Frage vor einigen Jahren nachgegangen. Die Experten untersuchten zum einen den reinen CO_2-Ausstoß bei Bar- und Kartenzahlung. Zum anderen stellten sie eine Gesamtbilanz für die Bezahlmethoden auf, berücksichtigten bei der Bewertung also sämtliche Umwelteinflüsse auf die Gesundheit, das Ökosystem und die Ressourcen.

Bei Bargeld fallen sehr viele Glieder der Bezahlkette ins

Gewicht. Der Transport des Geldes belastet die Umwelt am meisten. Hinzu kommen die Förderung und Bearbeitung von Kupfer und Zinn, der Betrieb von Bankautomaten, die Produktion von Geldtransportern, die Banknotenherstellung, die Entsorgung und manches mehr.

Bei den Karten ist es einfacher. Dort machen Herstellung und Betrieb der Kartenterminals am Verkaufstresen drei Viertel der Umweltlasten aus. 15 Prozent sind der Herstellung der Karte geschuldet, den Rest verursacht der Betrieb der Datenzentren. Institute, die auf Ökostrom umstellen, könnten damit den CO_2-Ballast deutlich senken.

Das PVC, aus dem die Karten bestehen, stellt ein eher geringes Problem dar. Im Gegenteil: Würde man es durch biologisch abbaubare Materialien ersetzen, ginge die Langlebigkeit der Karte verloren; man kriegt sie ja kaum zerrissen, selbst wenn man sich anstrengt. Gerade diese Hartnäckigkeit wirkt sich positiv auf die Ökobilanz aus.

Euroscheine bestehen aus reinem Baumwollpapier. Darin sind ein Silberband und spezielle Fasern eingelassen, die unter UV- und Infrarotlicht leuchten. Das Wasserzeichen entsteht durch das Variieren der Papierdicke. Andere Länder, andere Scheine – und damit eine andere Umweltbelastung. Australien, Rumänien und Kanada nutzen nur Kunststoff. In Jamaika und Bhutan gibt es »Hybrid-Banknoten«: Hierbei werden die Scheine aus Baumwollfasern mit Folien überzogen.

Aber was ist nun besser: Karte oder Bargeld? Die DNB-Fachleute stellten fest, dass beim Bezahlen mit einer Debitkarte etwa 3,8 Gramm CO_2 anfällt, das ist etwa so viel wie 15 Sekunden Haare föhnen. Eine Bartransaktion kommt auf 4,6 Gramm, sie ist also deutlich klimaschädlicher. Wenn man sämtliche Umweltfolgen bilanziert, rutscht das Bargeld noch weiter ab: Die Belastung ist um ein Drittel höher als bei der Kartenzahlung.

Übrigens: Wer mit seiner App bezahlt, müsste die Herstellung und Nutzung des Smartphones mitberücksichtigen. Das Öko-Institut sagt, ein Gerät habe bereits um die 100 Kilogramm CO_2 verursacht, bevor der Kunde es in den Händen hält.

Was kaum jemand weiß: Karten mit Bezahlfunktion, rund fünf Gramm schwer und mit einem Computerchip bestückt, sind offiziell Elektrogeräte, genau wie Smartphones. Sie dürfen nach Gebrauch nicht in den Hausmüll, sondern müssen fachgerecht entsorgt werden, etwa auf dem Wertstoffhof der Kommune. Daran hält sich leider kaum jemand. Dabei könnte konsequentes Recycling die Ökobilanz der Kartenzahlung noch weiter verbessern. Scheine zieht die Bundesbank regelmäßig aus dem Verkehr; sie werden kaum älter als fünf Jahre.

Wie viel Geld gibt es auf der Welt?

▶ Die weltweit existierende Geldmenge beträgt 82,6 Billionen US-Dollar
▶ Davon sind etwa 8 Billionen US-Dollar als Bargeld im Umlauf

Deutschland	Krypto	Bargeld	Gold	Geldmenge	Aktien	Immobilien	Weltvermögen
0,4 Billionen $	1,05 Billionen $	8 Billionen $	11,5 Billionen $	82,6 Billionen $	95,9 Billionen $	326 Billionen $	463 Billionen $

Quelle: Das Investment; https://www.dasinvestment.com/grafik-des-tages-so-viel-geld-gibt-es-auf-der-welt/; Stand Juli 2024.

179

54

CAMPING ODER HOTEL?

Die Deutschen campen schon lange mit Leidenschaft. Einen Boom wie in den vergangenen Jahren hat die Branche allerdings noch nicht erlebt. Zwischen 2016 und 2023 hat sich die Zahl der Reisemobile etwa verdoppelt. Auch steigt die Anzahl der Campingübernachtungen auf den deutschen Plätzen stetig.

Es sind längst nicht nur Rentner und Familien unterwegs. Wer bei Instagram und Tiktok reinschaut, erkennt schnell: Der Hashtag #vanlife trendet. Als spießig gilt eher, wer nicht einen selbst ausgebauten Bulli sein Eigen nennt und nie die Nacht an einer malerischen Steilküste verbringt. Begründet wird die Lust vielfach mit Corona und einer Rückbesinnung auf die Natur. Dazu passt, dass in einer Umfrage 22 Prozent der Camper erklärten, Nachhaltigkeit spiele für sie eine »große Rolle«. Beim Durchschnitt der Bevölkerung waren es nur 15 Prozent.

Aber sind Wohnwagen und Wohnmobil tatsächlich ökologischer und klimafreundlicher als ein Urlaub im Hotel? Um darauf eine Antwort zu bekommen, haben Forschende des Heidelberger Instituts für Energie- und Umweltforschung (Ifeu) Campingurlaube in ihre energetischen Einzelteile zerlegt und berechnet, wie viele Treibhausgase dabei jeweils entstehen.

Sie unterschieden zwischen Fahrzeugtypen (Caravan, Kastenwagen, teil- sowie vollintegriertes Wohnmobil) und deren Herstellung und Entsorgung nach Lebensende. Weitere Kriterien: die Reiseziele Südfrankreich, Oslo und Rügen, der Heiz- und Kühlbedarf je nach Wetter, die Reisegeschwindigkeit, der Benzinverbrauch und der durchschnittliche Strommix vor Ort (fossile oder grüne Energiequellen). Diesen Erhebungen stellten sie folgende Hotelalternative gegenüber: eine Anreise mit einem mittleren Diesel-Pkw sowie Übernachtung in einem Hotel, wobei unter anderem die Bereitstellung und der Betrieb der Herberge und die Zubereitung des Essens einkalkuliert wurden. Auch hier beachteten die Forscher wieder den durchschnittlichen Energiemix am Zielort.

Das Ergebnis: In der Regel schneidet das Campen tatsächlich besser ab als der Hotelurlaub – es kommt allerdings darauf an, wie und wohin man fährt. Wer innerhalb Deutschlands unterwegs ist, sollte auf einen Caravan setzen. Zwar muss dieser von einem Pkw gezogen werden, der Nachteil wird jedoch durch die klimaschonenderen Übernachtungen kompensiert. Noch besser wird das Ergebnis, wenn man nicht weit reist und lange am Ort bleibt – oder sogar mit der Bahn fährt und den Wohnwagen am Ziel leiht.

Anders sieht es aus, wenn man ins Ausland reist, nach Frankreich oder Skandinavien beispielsweise. Dort wird weniger Strom aus Kohle oder Gas gewonnen, deshalb fällt beim Verbrauch weniger Treibhausgas an. In den Hotels lebt man also grüner – was auch durch die Fahrt mit dem schmutzigen Diesel nicht aufgehoben wird. Klar ist aber auch: Wer etwa

181

zur Destination fliegt, schadet dem Klima über die Maßen, auch wenn er am Zielort naturnah campt.

Ob und wie stark die Umwelt durch Camper leidet, entscheiden noch weitere Details. Etwa die Campingtoilette. Das Bundesumweltministerium moniert, es seien bei den Klos »überwiegend umweltschädliche Sanitärzusätze mit Bioziden« im Einsatz, um Geruch und Gasbildung zu reduzieren. Besser seien Zusätze mit dem »Blauen Engel«-Siegel.

Wichtig ist es zudem, Mehrweggeschirr statt Einwegplastik zu benutzen und auch seinen übrigen Abfall möglichst zu reduzieren. Der ADAC hat beobachtet, dass Wildcamping in den vergangenen Jahren stark zugenommen hat – und zum echten Umweltproblem wird. Wildcamper lassen ihren Müll gern auf Lichtungen und abseitigen Waldstücken zurück. Mit Naturverbundenheit und »Van Life« hat das wenig zu tun. Solche Urlauber sollten besser ins Hotel gehen.

55

GUMMIBÄRCHEN ODER SCHOKOLADE?

Sieht nicht gerade aufregend aus, diese Tafel: rechteckig, dunkelbraun, aufgeteilt in viele Rippen. Aber was sie nicht alles bewirken soll! Das Schlaganfallrisiko senken. Depressionen vertreiben. Falten vorbeugen. Für besseren Sex sorgen. Eine Studie des Schweizer Wissenschaftlers Franz Messerli besagt sogar, dass dort die meisten Nobelpreisträger zu finden seien, wo viel Schokolade gegessen werde. Denn einige Inhaltsstoffe, die »Flavonoide«, würden beim Denken helfen.

Lassen wir diese umstrittenen Kausalitäten einmal beiseite. Eines steht fest: Schokolade ist die Lieblingssüßigkeit der Deutschen. Gut neun Kilo essen wir jährlich im Durchschnitt davon. Nicht weit dahinter: Fruchtgummi, da sind es gut fünf Kilo (inklusive Bonbons und Lakritz). Aber welche Leckerei belastet die Umwelt stärker: Schoko oder Gummibärchen?

Schokolade hat eine lange Geschichte. Vor 5000 Jahren in Mexiko entdeckt, fanden die Samen des Kakaobaums Jahrtausende später den Weg nach Europa, dank Christoph Kolumbus. Sie waren anfangs so teuer, dass sich nur Reiche einen Kakao leisten konnten. Doch die Industrialisierung und billigere Rohware machten die »Speise der Götter« massen-

tauglich. Die gute Story gefiel – neben den erwähnten Heils-
versprechen – auch Hollywood. Es entstanden Filme wie
»Chocolat«, in dem ein Bösewicht nach dem Biss in ein Tä-
felchen bekehrt wird.

Gummibärchen wurden 1922 unspektakulär von dem
Bonner Fabrikanten Hans Riegel (Hans Riegel Bonn, Haribo)
erfunden, weil er gerade an Tanzbären dachte. Auch sie haben
eine gute Story vorzuweisen: Sie belasten die Umwelt weniger. Grund sind die Zutaten. Schokolade besteht aus Kakao,
Zucker und Milchfetten. »Kakao und Milch haben eine vergleichsweise schlechte Klimabilanz«, sagt Nils Rettenmaier
vom Institut für Energie und Umweltforschung (Ifeu), das
die Folgen der Lebensmittelproduktion für die Natur untersucht. Milch stammt von Kühen, und die brauchen Futtermittel, wofür Wasser, Land, Dünger benötigt wird. Und aus
den Tieren entweicht das Klimagas Methan – Kühe pupsen.
Auch Kakao beansprucht Fläche, zudem Dünger und Wasser.
Regenwälder werden abgeholzt, Arbeiter erhalten mickrige
Löhne, und mehr als 1,5 Millionen Kinder und Jugendliche
schuften für den süßen Genuss.

Viele Hersteller behaupten, bei ihnen sei alles besser. Die
Realität sieht anders aus. Die Zeitschrift »Öko-Test« hat 2022
25 Milchschokoladen getestet, nur bei dreien ließ sich der
Weg der Rohstoffe genau nachvollziehen. Eine Studie der
Stiftung Warentest zu 24 Zartbittersorten urteilte ähnlich,
nur acht Anbieter zeigten sich halbwegs transparent. Selbst
Siegel oder der Zusatz »Bio«, so die Prüfer, garantierten kein
Ende des Raubbaus.

Und die Gummibärchen? Sie bestehen vor allem aus Zucker, Glukosesirup und Gelatine. Zucker schadet der Gesundheit und beim Anbau auch der Umwelt, doch in mancher

Schokolade steckt ähnlich viel Zucker wie in Gummibärchen. Gelatine wird aus Haut oder Knochen von Schweinen und Rindern gewonnen, ist aber ein »Koppelprodukt«, wie Rettenmaier sagt. Rinder und Schweine werden vor allem wegen Milch und Fleisch gezüchtet, die Gelatine fällt nebenbei an, das senkt die Last fürs Klima.

Das Ifeu hat für den »Stern« gerechnet: Danach erzeugt ein Kilo Gummibärchen etwa 1,3 Kilo CO_2, Schokolade knapp vier Kilo CO_2 (bei der Sorte Vollmilch) und drei Kilo CO_2 (bei Zartbitter). Und die tollen Inhaltsstoffe der Schokolade? Sind umstritten. Ein Gesundheitseffekt tritt wohl nur ein, wenn eine Tafel viel Kakao, aber wenig Zucker und Fett enthält. Es gibt zudem auch Gummibärchen mit weniger Zucker oder ohne Gelatine.

Fazit: Für die Gesundheit sind beide Süßigkeiten nur maßvoll akzeptabel, fürs Klima sind Gummibärchen besser. Doch wie sagt der Ernährungsmediziner Johannes Georg Wechsler: »Schokolade generell zu verbieten tut der Psyche gar nicht gut.«

56

ALU- ODER PLASTIKFOLIE?

Wohl in jedem Haushalt liegen sie in irgendeiner Schublade nebeneinander: die Rollen mit Alu- und Kunststofffolie. Viele Verbraucher setzen sie im Alltag nach Gutdünken ein, als wären sie beliebig austauschbar. Mal spannen sie die klare Folie über den Teller mit den Speiseresten, um sie frisch zu halten, mal das Silberpapier, vor allem wenn ihnen das Knibbeln nach dem Anfang der Frischhaltefolie auf die Nerven geht.

Bereits bei der Anwendung fangen die Missverständnisse an. Die beiden Produkte sind weder in ihrer Funktion noch in ihrer Ökobilanz gleichzustellen. Alu taugt vor allem dazu, Essen warm zu halten. Allerdings sollte man nicht salz- und säurehaltige Speisen wie Wurst, Essiggurken oder Obst darin einwickeln. Es könnte zu chemischen Reaktionen kommen, wodurch Aluminiumsalze in die Nahrung gelangen. Frischhaltefolie ist vielfältig benutzbar, sie sollte verwendet werden, wenn Essen luftdicht verpackt werden muss, damit es nicht austrocknet. Weichmacher sind in der Regel nicht vorhanden und können daher auch nicht in die Nahrungskette gelangen. Gerüche übrigens bannt Alu besser.

Aber welches der Produkte schadet der Natur mehr? Die Herstellung von Alufolie belastet die Umwelt stark. Vor allem weil rund 60 Prozent des Aluminiums aus dem Erz Bauxit gewonnen wird. Noch immer werden in Gebieten, wo Bauxit abgebaut wird, etwa in Australien, China oder Guinea, wertvolle Wälder und andere Naturflächen geopfert. Der anfallende Rotschlamm, ein Abfallprodukt, kann Flüsse und Grundwasser verschmutzen. Die Produktion der Folie verschlingt in den Fabriken Unmengen Energie. Um eine Tonne Aluminium herzustellen, braucht man etwa 15 Megawattstunden Strom. Damit käme ein vierköpfiger Haushalt fast vier Jahre aus.

Vorteil der Glanzfolie: Sie lässt sich recht erfolgreich recyceln – theoretisch. Allerdings muss sie dafür sortenrein sein, was schwierig ist, denn es gibt bis zu 450 verschiedene Legierungen, also Gemische aus Aluminium und anderen Metallen. Und sie darf nicht stark verschmutzt sein, sonst gehört sie in die Restmülltonne. Eine Wiederverwendung allerdings spart im Vergleich zur Neuproduktion 95 Prozent Energie ein. Bedauerlich: In den Handelsregalen sind Frischhaltefolien aus recyceltem Aluminium noch die Ausnahme.

Frischhaltefolie besteht aus Polyethylen, einem Kunststoff (Kohlenstoff und Wasserstoff), der als recht umweltverträglich eingestuft wird. Dennoch benötigt man für ihn Erdöl, also einen endlichen Rohstoff. Bei der Produktion werden pro Tonne rund 22 Megawattstunden Energie eingesetzt, sogar mehr als bei Alufolie. Dazu 10 000 Liter Wasser, eine oft knappe Ressource.

Aber die Folie ist sehr dünn, 200 Meter sind auf eine handelsübliche Rolle gewickelt, Gewicht etwa 1,2 Gramm pro Meter. Alufolie wird gewöhnlich mit zehn Meter Länge geliefert, Gewicht rund 17 Gramm pro Meter. Obwohl die Plastikfolie bei uns so gut wie nicht recycelt wird, spielen ihre CO_2-Emissionen kaum eine Rolle. Beim Abtransport im Müllauto fallen sie kaum ins Gewicht, und wenn sie beim Verbrennen Strom und Wärme erzeugen, kann die CO_2-Bilanz sogar positiv ausfallen.

Es ist übrigens nicht etwa so, dass umweltbewusste Verbraucher alle Folienprobleme mit einem Schlag loswerden könnten, indem sie stattdessen eine Frischhaltedose oder ein Glas mit Schraubverschluss verwenden würden. Wer eine Dose 200-mal spült, erzeugt mit einem konventionellen Energiemix so viele Treibhausgase, als würde er 4500-mal eine Folie nutzen. Dennoch empfehlen Umweltschützer, sich nach langlebigen Alternativmöglichkeiten umzuschauen. Im Handel sind zum Beispiel wiederverwendbare Bienenwachstücher (kein Jojobaöl!) aus Baumwolle oder Bee-Paper aus Zellstoff und Grasfasern. Denn wer keine Folien benutzt, produziert auch keinen Abfall.

57

URLAUB IM ALL ODER AUF ERDEN?

Der Astronaut und Physiker Ulrich Walter prophezeite 2021, in 50 Jahren sei es völlig normal, Urlaub im All zu machen. 2071 ist nicht so weit weg. Wer heute jung ist, könnte das noch erleben. Walter sagt: »Natürlich wird der Preis für das Weltraumhotel höher sein, vielleicht 50 000 Euro für vier Personen. Das ist teuer, aber nicht vollkommen unerschwinglich und eben ›once in a lifetime‹.« Die Welt von außen zu betrachten sei heilsam: »Wir sehen, dass wir auf der Erde alle in einem Boot sitzen. Das bewirkt eine Bewusstseinsänderung, das erreichen wir durch den Weltraumtourismus.«

Schon heute ist ziemlich viel los da oben. Unternehmer wie der Tesla-Chef Elon Musk, Virgin-Gründer Richard Branson und Amazon-Boss Jeff Bezos verkaufen reichen Leuten bereits den Trip zum Orbit. Sie wollen aus der touristischen Raumfahrt ein fettes Geschäft machen. Im April 2022 reiste die erste vollständig private Gruppe Astronauten für acht Tage auf die Raumstation ISS. Angeblich kostete ein Platz an Bord der »SpaceX Falcon 9«-Rakete aus dem Hause Elon Musk 55 Millionen Dollar. Eine texanische Firma will eine kommerzielle Raumstation aufbauen.

Die Kritik an diesen Reisen in Zeiten des fortschreitenden Klimawandels ist groß. Fügen hier ein paar Superreiche der Erde für ihren persönlichen Spaß noch weitere Schäden zu? Wäre das Geld für die Raumflüge nicht besser in Umweltschutz investiert? Der britische Prinz William murrt, die Milliardäre sollten sich lieber auf die Erde konzentrieren.

Aber es gibt doch wichtige Erkenntnisse, die man bei solchen Reisen gewinnt, werden jetzt einige sagen. Allerdings sind die touristischen Aufenthalte viel zu kurz, um verwertbare Daten etwa über die Auswirkungen von Schwerelosigkeit auf Körper und Psyche zu gewinnen. Die wichtigen Experimente werden ohnehin von professionellen Astronauten und Wissenschaftlern an Bord der ISS ausgeführt.

Es gibt heute verschiedene Antriebe, um sich ins Weltall schießen zu lassen. Allen gemeinsam ist: Es entsteht viel Dreck. Das Unternehmen Virgin des Briten Richard Branson zum Beispiel verbrennt in seinen Raumgleitern ein Polymergemisch. Dabei entsteht unter anderem eine Menge Ruß. Laut einer Berechnung generiert ein einziger etwa eineinhalb Stunden langer Flug in einem der Gleiter so viel Abgase wie ein zehnstündiger transatlantischer Flug. Branson plant pro Jahr 400 Starts.

Bedenklich ist auch, dass die Stoffe in Zonen freigesetzt werden, die sonst kaum direkt von Verschmutzung berührt sind. Welche Schäden sie dort anrichten, kann niemand abschätzen. Rußpartikel heizen durch Absorption von Sonnenstrahlen im Zusammenspiel mit CO_2 die Stratosphäre auf. Doch die genauen Auswirkungen sind noch nicht ausreichend geklärt; es bleibt ein unberechenbares Risiko. Eine Regulierung des Weltraumtourismus existiert nicht. Der Preis ist das einzige Limit.

Die SpaceX-Raketen nutzen für ihren Antrieb Kerosin und flüssigen Sauerstoff. Bei der Verbrennung entstehen ebenfalls Ruß, Wasserdampf und 200 bis 300 Tonnen Kohlendioxid. Das ist etwa so viel wie bei einer Flugreise von Europa nach Amerika. Aber anders als in Flugzeugen sind hier nicht mehrere Hundert Passagiere an Bord, sondern nur vier. Somit entsteht pro Weltraumtourist rund 150-mal mehr CO_2 als auf dem Flug. Der jährliche Pro-Kopf-CO_2-Ausstoß liegt im Vergleich dazu in Deutschland bei etwa acht Tonnen. Außerdem wird durch die hohen Temperaturen, die bei Start und Rückkehr der Raketen zur Erde entstehen, Stickstoff in der Luft in Stickoxide umgewandelt. Sie könnten die schützende Ozonschicht schädigen.

Das Treibstoffproblem wollen die Weltraum-Entrepreneure eindämmen. Ihre Raketen sollen künftig mit Wasserstoff oder Methan abheben, erzeugt aus erneuerbaren Energien. Auch dann werden weiterhin wenige Menschen sehr, sehr viel wertvolle grüne Energie verbrauchen.

58

PARKETT ODER LAMINAT?

Nicht nur die Vögel bauen im Frühjahr emsig an ihren Nestern, auch viele Deutsche putzen ihr Heim heraus. Im April stand ich an der Baumarktkasse und sah mich eingepfercht zwischen proppenvollen Einkaufswagen. Hinter mir türmte sich Klickparkett Eiche, vor mir Laminat in Schiffsboden-Design. Das Laminat trug ein EU-Ecolabel, was mich gewundert hat: Kann Laminat nachhaltig sein?

Mein erster Gedanke: Wirklich öko ist doch nur massives Parkett. Es besteht aus gewachsenem Holz, das in seinem Leben viel Treibhausgas aufgenommen hat und es im Leben nach dem Tod als Bodenbelag weiter zuverlässig speichert. Damit lag ich nicht falsch. Nur: Wer leistet sich noch Massivparkett? Fast alle, wie der Mann hinter mir, greifen zu Fertigparkett, das vergleichsweise billig und – klick-klick – leicht zu verlegen ist.

Fertigparkett ist aber nicht reine Natur, sondern – wie Laminat – Verbundmaterial. Viel Synthetik wie Kleber ist im Spiel. Als Grundträger dient eine Sperrholz-, Span- oder Faserplatte mit einem Gegenzugfurnier aus Nadelholz; darüber liegt das eigentliche Furnier aus dem Parkettholz, ab 2,5 Millimeter dick, je nach Preis und Qualität. Laminat baut ebenfalls auf einer Trägerplatte aus Holzfasern auf. Auf ihr klebt imprägniertes Fotopapier, das die gewünschte Holzstruktur zeigt. Das Papier wird zum Schutz mit einer durchsichtigen Kunstharzschicht übergossen.

Optisch sind die Bodenbeläge kaum mehr zu unterscheiden. Den Laminatherstellern ist es gelungen, die Oberflächenbeschaffenheit von Holzbrettern nahezu perfekt nachzubilden. Allerdings nimmt Laminat keinen positiven Einfluss auf das Raumklima. Holz – solange es nicht versiegelt ist – öffnet und schließt seine Poren, es lebt und atmet. Bei hoher Luftfeuchtigkeit nimmt es Wasserdampf auf, bei Trockenheit gibt es die Feuchtigkeit wieder ab. Laminat ist dagegen mausetot. Punkt für das Parkett.

Beim Thema nachhaltiges Material wird es schon schwieriger. Wenn Holzfasern oder Furniere für Laminat respektive Parkett nicht aus verantwortungsvoller Waldwirtschaft stammen (wie in Deutschland üblich), ist schnell Schluss mit der Klimafreundlichkeit. Mancher Kunde glaubt, mit heimischen Hölzern wie Ahorn, Lärche, Eiche oder Robinie ökologisch nichts falsch machen zu können. Aber diese Bäume gedeihen auch in Kanada, Sibirien oder Rumänien. Teils werden sie mit großem Energieaufwand über Tausende Kilometer herbeigeschafft. Umweltschützer empfehlen, keine Ware zu kaufen, die nicht mindestens das FSC-Siegel der gemeinnützigen Organisation Forest Stewardship Council trägt. Es stellt recht zuverlässig die unbedenkliche Herkunft des Holzes sicher.

Schaut man auf den preisumkämpften Massenmarkt, hat Parkett beim Klimaschutz in der Regel die Nase vorn. Eine Vergleichsstudie aus dem Jahr 2018 zeigt, dass das Treibhauspotenzial von Laminat, also die CO_2-Belastung über den gesamten Lebenszyklus, rund fünfmal so hoch ausfällt wie bei

Parkett. Noch schlechter schneiden nur Teppiche ab. Die Studie, das muss man dazusagen, wurde im Auftrag des Deutschen Naturwerkstein-Verbands angefertigt. Aber sie beruht auf belastbaren Untersuchungen.

Laminatfreunde müssen deshalb nicht gleich verzweifeln. Was für die Masse gilt, muss nicht im Einzelfall stimmen. Unter den Herstellern ist ein Rennen um die nachhaltigsten, energiesparendsten Produkte in Gang. Wer nicht nur auf den Preis schaut, sondern auf Umweltsiegel wie FSC, EU Ecolabel oder Blauer Engel, kann auch mit Laminat das Klima schonen.

Für die Ökobilanz spielt auch die Haltbarkeit eine Rolle. Parkett kann man mehrfach schleifen, wenn es ausreichend dick ist, Laminat muss meist nach zehn Jahren raus. Ökotipp für die kalte Jahreszeit: Es lässt sich im heimischen Kamin verbrennen – wenn sich keine Klebereste oder andere Chemikalien daran befinden.

59

PAPIERTASCHENTÜCHER ODER STOFF?

Zu meiner Konfirmation schenkte mir meine Großtante ein dreiteiliges Set Stofftaschentücher mit Monogramm und Spitzenbordüre. Das braucht man als junge Frau, sagte sie mir. Ich bedankte mich artig – und die Tücher verschwanden ganz hinten im Schrank. Benutzt habe ich sie nie. Wir putzten uns damals längst die Nase mit Papiertaschentüchern. Heute muss ich sagen: »Sorry, liebe Großtante.« Denn inzwischen weiß man, wie schlecht Papiertücher für die Umwelt sind. Das liegt vor allem an dem Material, aus dem sie bestehen. Sie werden aus Zellstoff hergestellt, und der wird aus Holz von Laub- und Nadelbäumen gewonnen. Das Verfahren dafür ist sehr aufwendig.

Fast jeder zweite industriell gefällte Baum weltweit wird für die Herstellung von Papierprodukten wie Taschentüchern genutzt. Meist kommt das Holz aus Finnland, Schweden, Brasilien oder Uruguay. Weil es die Papiertücher besonders weich macht, greifen Hersteller auf Eukalyptus-Zellstoff aus Südamerika zurück. Für die riesigen Monokulturen wird dort der Regenwald gerodet, Kleinbauern und Tiere werden brutal vertrieben. Wenig umweltfreundlich muss der Zellstoff außerdem vor der Verarbeitung weit transportiert werden.

Aber auch bei Holz aus Skandinavien leidet die Natur. In dieser Region werden vor allem Kiefern und Fichten ebenfalls in Monokulturen herangezogen. Laut »Öko-Test« sind 90 Prozent der schwedischen und finnischen Waldflächen Wirtschaftsforste. Das ist schlecht für die Biodiversität.

Die Herstellung der Tücher stellt besonders hohe Anforderungen an das Material. Papiertaschentücher sollen sich auf der Haut flauschig anfühlen, dürfen sich, wenn sie feucht werden, nicht auflösen. Um den Zellstoff zu gewinnen, werden Holzschnitzel in Chemikalien ausgekocht. Dann wird der Masse durch Bleichen der Holzstoffe Lignin entzogen. Laut Bundesumweltamt gelangen bei diesem Vorgang oft Teile der eingesetzten Lösungsmittel in die Gewässer. Außerdem werden viel Wasser und Energie verbraucht.

Etwas besser schneiden Recycling-Taschentücher ab. Sie werden aus Altpapier hergestellt, dem zuvor alle Fremdstoffe wie zum Beispiel Druckfarben entzogen werden. Das Altpapier wird meist lokal eingesammelt, lange Transportwege fallen nicht an. Aber auch diese Tücher sind Wegwerfprodukte, der Aufwand, sie zu recyceln, lohnt sich nicht. Und damit wären wir bei meinen Stofftaschentüchern. »Öko-Test« hat sich 2021 angeschaut, wie deren ökologischer Fußabdruck ausfällt. Zwar sei die Herstellung von Stofftüchern aus Baumwolle »zunächst ressourcenaufwendiger« als die eines Papiertaschentuchs. Aber trotzdem hat das Stoffprodukt am Ende der Berechnung die Nase vorn. Dass die Tücher regelmäßig in der Waschmaschine gereinigt werden, fällt kaum ins Gewicht, weil sie nur wenig Platz benötigen und meist als Beiwerk mitgewaschen werden. Wegen ihrer häufigen Wiederverwertbarkeit sind Stofftaschentücher eindeutig die umweltfreundlichere Variante.

Wer jetzt die Nase rümpft und denkt: Igitt, all die Bakterien und Viren, das kann doch nicht gesund sein, dem sei gesagt: Stimmt, ging mir auch so. Aber dem Erreger-Malheur kann man vorbeugen. Damit erst gar keine wohlig-warme Brutstätte für Keime entsteht, sollte man durchnässte Stofftücher nicht in die Hosentasche stecken, besser aufgehoben sind sie zum Beispiel in einem Stoffbeutel im Rucksack oder in der Handtasche. Bei einer 60-Grad-Wäsche werden die allermeisten Keime recht zuverlässig eliminiert. Und sollten trotzdem noch Krankheitserreger überlebt haben, kann man die durch kurzes Bügeln erledigen.

Ich werde heute Abend auf jeden Fall im Keller auf die Suche gehen. Da steht seit vielen Jahren eine Kiste in der Ecke mit der Aufschrift »Erinnerungen Kindheit«. Ich glaube, dort könnte ich noch ein paar Taschentücher mit Monogramm finden – wenn die Motten sie nicht inzwischen gefressen haben.

60

DIESEL- ODER E-PANZER?

Mitte Januar 2017 hoben von der Whiteman Air Force Base in Missouri zwei B-2-Tarnkappenbomber ab. Sie flogen nonstop über den Nordatlantik und steuerten auf die Stadt Sirte an der Küste Libyens zu. Dort, über Trainingslagern des IS, warfen sie ihre Fracht ab, rund 100 satellitengesteuerte Bomben. Danach ging es postwendend zurück in die Heimat. Etwa 30 Stunden dauerte der Einsatz, mehr als 38 000 Kilometer legten beide zusammen zurück, unterstützt von insgesamt 15 Tankflugzeugen. Bilanz: 80 getötete Terroristen. Und mehr als 1000 Tonnen emittiertes Kohlendioxid. Nur durch die beiden Bomber.

Darf man diese Rechnung aufmachen? Die Eliminierung von Menschen, die laut US-Verteidigungsministerium Anschläge in Europa planten, mit der freigesetzten Menge Treibhausgas vergleichen, die die Erderwärmung beschleunigt?

Darüber muss ich nachdenken, seitdem die Bundesregierung angekündigt hat, Deutschland wieder aufzurüsten. Panzer, Fregatten, Flugabwehrraketen, U-Boote und F-35-Jets, die Atombomben tragen können, will sie anschaffen, damit wir uns besser verteidigen können. Natürlich brauchen wir das alles und eine jederzeit eingreifbereite Nato, das war auch mein erster Reflex. Die Menschen und die Demokratie müssen geschützt werden. Mit Diplomatie und wirtschaftlicher Annäherung allein gelingt das nicht, wie wir nicht erst seit dem Ukraine-Krieg wissen.

Wahr ist aber auch, dass das Militär eine verheerende Ökobilanz hat. Zunächst einmal indirekt, weil das Geld, das Deutschland und andere Staaten in ihre Rüstungsetats umlenken, womöglich nicht mehr für die – ebenfalls sehr teure – Energiewende zur Verfügung steht. Zudem könnten Kohlekraftwerke länger am Netz bleiben, um uns nachhaltig aus der Abhängigkeit von Russlands Gas und Öl zu befreien.

Und dann sind da noch die direkten Emissionen. Der jüngste Nachhaltigkeitsbericht, den das Verteidigungsministerium für sich und die Bundeswehr aufgestellt hat, besagt, dass die größten Posten – die Infrastruktur und die »militärspezifische Mobilität« – 2019 für knapp 1,5 Millionen Tonnen Treibhausgase verantwortlich waren. Das ist im Vergleich zu den vorigen Jahren ein Rückgang, aber nur bedingt aussagekräftig: Ein großer Teil der verfügbaren Panzer und Hubschrauber ist defekt. Und wer nicht fährt und fliegt, schadet auch nicht dem Klima.

Ganz anders sieht es in den USA aus. Eine Studie, die auch den Bombereinsatz in Libyen nachrechnete, kam zu dem Schluss, dass das Pentagon der weltweit größte Verbraucher von Öl ist. Zwischen 2001 und 2017 resultierten daraus insgesamt 1,2 Milliarden Tonnen Treibhausgase – was 255 Millionen Pkws entspräche, die ein Jahr lang gefahren würden. Allein 2017 landete das US-Militär, das zu dem Zeitpunkt noch in Afghanistan stationiert war, mit seinen Emissionen im globalen Länderranking auf Platz 55. Vor Dänemark, Schweden und Portugal.

Umfassende und präzise Daten zu bekommen ist schwer. Aus Sicherheitsgründen, wie es heißt, und aus Kalkül. Bei der UN-Klimakonferenz in Kyoto 1997 ließ sich die US-Regierung zusichern, dass militärische Emissionen nicht in die Landesbilanz einfließen müssen; das wurde erst mit dem Beitritt der USA zum Pariser Klimaabkommen geändert. Würde man den gesamten Lebenszyklus aller Kampfmaschinen und Infrastrukturen sowie die Zerstörung von Landschaften und Städten einbeziehen, käme man auf sehr viel höhere Zahlen.

Die Nato sagt, der Anteil des Militärs an den globalen Emissionen liege bei ein bis zwei Prozent, unter anderem, weil ein Eurofighter 160 Kilogramm Kerosin pro Minute verbrenne. Um energieeffizienter zu werden, hat das Bündnis inzwischen einen »Klima-Aktionsplan« angekündigt; vereinzelt wird bereits mit E-Panzern experimentiert.

Ob die angesichts der vielen Bilder und Berichte aus der Ukraine oder dem Gazastreifen aber noch irgendjemanden interessieren werden?

61

BÄUME PFLANZEN ODER SPENDEN?

Martin Luther soll gesagt haben: »Auch wenn ich wüsste, dass morgen die Welt untergeht, würde ich heute noch einen Apfelbaum pflanzen.« In Wahrheit stammt der Satz wohl nicht von ihm. Die Botschaft wirkt allerdings nach. Auch der moderne Mensch glaubt an die segensreiche Kraft des Sprösslings. Er schätzt Kaufleute, die geloben, Bäume gegen die Klima-Apokalypse zu pflanzen – wenn die Bestellsummen stimmen, versteht sich.

Das Spektrum solcher Anbieter umfasst Konzerne wie Start-ups. Edeka hat's getan und Bauhaus, der Mineralwasserkonzern Gerolsteiner und Profuel, das Nahrungsergänzungsmittel liefert. Auch NGOs sind engagiert. Bei Greenpeace kann man eigenhändig Bergwälder aufforsten, bei »Plant for the Planet« fürs hehre Ziel kämpfen, weltweit eine Billion neue Bäume in den Himmel wachsen zu lassen.

Auf den ersten Blick wirken solche Aktionen grandios. Denn Bäume nehmen Kohlendioxid auf und setzen Sauerstoff frei. Eine Buche, die 80 Jahre lang gewachsen ist und 23 Meter in den Himmel ragt, bindet in ihrem Leben rund eine Tonne davon. Nur: Jeder Deutsche verursacht laut Umweltbundesamt im Durchschnitt 11,2 Tonnen CO_2 im Jahr. Das heißt: Es braucht die Leben von mehr als elf steinalten Buchen, allein um die Emissionen eines Menschenjahres auszugleichen.

Noch ernüchternder fällt die Rechnung mit jungen Bäumen aus, die zunächst über Jahre kaum Treibhausgas absorbieren. Wollte man die CO_2-Lebenslast seines neugeborenen Babys im Voraus durch einen neuen Buchenwald ausgleichen, müsste man (gemessen an heutigen Emissionswerten) fast 900 Setzlinge in die Erde bringen. Das erfordert die Fläche von gut acht Fußballfeldern. Platz dafür gäbe es. Forscher der ETH Zürich ermittelten per Satelliten global 900 Millionen Hektar, die sich für Aufforstungen eignen. Sie liegen vor allem in Russland, den USA, Kanada, Australien und China. Wären sie tatsächlich bewaldet, ließe sich die Atmosphäre um 100 Milliarden Tonnen CO_2 entlasten.

Der gewünschte Effekt stellt sich aber nur ein, wenn alle Bäume lange leben dürfen, also nicht erkranken, verdursten oder gefällt werden. Denn vermodern oder verbrennen sie, geben sie das CO_2 wieder ab. Man denke nur an die verheerenden Brände an der US-Westküste, wo auch große Waldflächen, die eigens zum CO_2-Ausgleich verkauft worden waren, zerstört wurden. Und im brasilianischen Amazonas-Gebiet kann man beobachten, wie Menschen noch immer radikal Wälder abholzen. Allein zwischen August 2022 bis Juli 2023 ging Wald auf einer Fläche von rund 9000 Quadratkilometern verloren.

Es muss nicht einmal der Mensch eingreifen. Der NDR recherchierte 2020 auf Madagaskar auf den Anpflanzungsflächen eines großen Aufforstungsanbieters. Das Ergebnis: Von der Pracht junger Mangrovenwälder war wenig zu sehen.

Immer wieder hatten Wirbelstürme und Zyklone die Kulturen zerstört. Die Bäume waren krank und blühten nicht, wie sie sollten.

Umweltschützer empfehlen zwar Baumpflanzungen, sind aber gegenüber daran geknüpften Heilserwartungen skeptisch. Die gemeinnützige Klimaschutzorganisation Atmosfair, über die man klimaschädliche Reisen durch Spenden für erneuerbare Energien kompensieren kann, verzichtet vollständig auf Waldschutzprojekte. Wer kann schon sicher sein, dass die neuen CO_2-Forste über Jahrzehnte finanziert und gepflegt werden? Oder dass die Bevölkerung nicht unter ihnen leidet, durch Vertreibung oder Trinkwasserknappheit wegen Dauerbewässerung der Schonungen? Alles schon vorgekommen! »Kein derzeit existierender Standard kann die Einhaltung von Menschenrechten und die Dauerhaftigkeit von Kompensationsprojekten garantieren«, so Atmosfair.

Fazit: Neue Bäume werden den Klimawandel nur wenig bremsen können. Die Welt braucht vielmehr erneuerbare Energien und Energieeffizienz. Und zwar nicht in 80 Jahren, sondern sofort.

62

STEIN- ODER NATURGARTEN?

Es scheint, als sehne sich mancher Deutsche zurück in die Steinzeit. Er entfernt Rasen und Blumenbeet aus seinem Vorgarten und kippt stattdessen großflächig Kies und Schutt über seine Scholle. Er reißt Hecken nieder und zieht an ihrer Stelle Drahtgitterkäfige hoch, die er mit Granit und Grauwacke füllt. Gabionen heißen die Mauern im Baumarkt. Der Satiriker Dietmar Wischmeyer nennt sie »Vertikalschotter«. Oder auch »Talibanhecken«, weil sie für ihn »nach Kundus« aussehen.

Solche Einöden breiten sich seit einigen Jahren wie Unkraut in unseren Städten und Gemeinden aus. Wer die Steingärten erschafft, beschreibt sie als modern, elegant und pflegeleicht. Wobei: Sie »Steingärten« zu nennen ist viel zu euphemistisch, schließlich impliziert »Garten« so etwas wie Blüten, Blätter und Bienen. Aber davon ist in ihnen wenig anzutreffen. Der NABU ordnet sie deshalb lieber als »Gärten des Grauens« ein.

Für die Naturschützer steht fest: Unter den Steinöden leidet das Klima. Denn bunt gemischte Gärten absorbieren viel CO_2 und gelten als wichtige Mitstreiter im Kampf gegen die menschengemachte Erderwärmung. Etwa 17 Millionen von ihnen zählt die Republik, fast jeder zweite Privathaushalt verfügt über einen Garten. Knapp 900 000 davon sind gemietete Schrebergärten. Diese allein sichern ein naturnahes Gebiet von 440 Quadratkilometern. Das ist mehr als die Fläche Kölns.

Die »Gärten des Grauens« dagegen verschlingen große Mengen Energie, die in der Regel aus fossilen Quellen stammt. Die Steine müssen abgebaut, zerkleinert und transportiert werden. Bevor man sie ausbringen kann, muss ein Vlies gegen Unkraut verlegt werden, für dessen Herstellung meist Erdöl verwendet wird. Einfache Folien müssen spätestens nach zehn Jahren erneuert werden, die alten bleiben als unbrauchbarer Müll zurück. Und um die Fläche halbwegs ansehnlich zu erhalten und von Moos oder Blättern zu befreien, setzen ihre Schöpfer gern höllenlaute Laubsauger und Hochdruckreiniger ein. Das passiert oft, denn der Glaube, Schottergärten seien pflegeleicht, hat sich längst als Mär herausgestellt.

Auch die Arten müssen büßen. Biologen unken, viele echte Wüsten seien lebendiger als solche Gärten. Denn mehr Fauna als ein paar Mauerasseln ist dort kaum zu entdecken. Für Insekten und Vögel sind solche Areale ähnlich unattraktiv wie Betonflächen. Tiere in den Siedlungsgebieten vernetzen im Alltag Gärten, Parks und weitere Grünflächen zu einem großflächigen Lebensraum für ihre Nahrungssuche und Fortpflanzung. Wird er durchbrochen, wirkt sich das schlecht auf ihr Leben und ihren Bestand aus.

Mit ihrer Rodung legen die Steinzeitmenschen sich am Ende auch noch selbst ein Ei ins Nest. Denn Pflanzen machen die wegen des Klimawandels immer heißeren Sommertage und -nächte erträglicher, sie verdunsten Feuchtigkeit und kühlen dabei ihre unmittelbare Umgebung herunter.

205

Tiere brauchen Lebensraum

Gefährdete Tiere und Pflanzen (Rote Listen) – nach Artengruppen in %
Stand 1994 bis 2023 (je nach Artengruppe)

Säugetiere
(95 % | 85 Arten)*

Brutvögel
(100 % | 205 Arten)

Reptilien
(100 % | 16 Arten)

Amphibien
(90 % | 21 Arten)

Fische und Rundmäuler
(93 % | 71 Arten)

Weichtiere
(92 % | 270 Arten)

Krebstiere, Dekapoden
(100 % | 4 Arten)

Insekten
(98 % | 2843 Arten)

Gefäßpflanzen
(96 % | 2712 Arten)

Moose
(97 % | 1148 Arten)

Makroalgen
(92 % | 25 Arten)

Flechten
(91 % | 786 Arten)

Grosspilze
(60 % | 4960 Arten)

0   20   40   60   80   100 in %

verschollen oder ausgestorben | gefährdet | potenziell gefährdet | nicht gefährdet

* Der Gefährdungszustand wurde für 95% der 85% Säugetierarten bewertet.
  Bei den restlichen Arten ist die Datengrundlage ungenügend.

Quelle: BAFU

Schotterflächen dagegen heizen sich tagsüber auf und strahlen die Hitze abends wieder ab. Sie dämpfen weder den Verkehrslärm, noch schlucken sie Staub, wie es das Blattwerk von Bäumen und Sträuchern vermag. Und Starkregen kann wegen der Unkrautfolie oft nicht gut versickern und flutet dann die eigenen vier Wände.

Inzwischen entschließen sich immer mehr Kommunen dazu, ihre Bauordnungen umzuschreiben, um derart versiegelte Flächen zu verbieten. Es gibt übrigens auch sinnvolle Steingärten, die nah an der Natur sind und die Artenvielfalt sogar fördern. Diese Wüste lebt: Gärtner setzen Kies, Steine oder Splitt gezielt ein, um einen optimalen Standort für Pflanzen zu schaffen, die in der Gebirgsflora heimisch sind oder Trockenheit gut vertragen.

63

STAUBSAUGER MIT ODER OHNE KABEL?

Als ich zehn Jahre alt war, gab meine Mutter eine Regel aus: »Keine Haushaltsgeräte als Geschenk zum Geburtstag.« Es war ihr sehr ernst damit, sie wollte nicht auf die Rolle der Hausfrau reduziert werden. Richtig so, fand ich und erklärte Jahre später erst meinem Mann und dann unserem Sohn, dass für mich derselbe Grundsatz gelten sollte. Und diese Regel galt fortan für die ganze Familie.

Bis vergangenen Sommer. Da wünschte sich mein Mann plötzlich zum Geburtstag einen Staubsauger. So einen schicken, ohne Kabel, ohne Beutel, dafür mit schnittigem Design. Als ich zögerte, versicherte er mir, er habe kürzlich gelesen, Staubsaugen sei eine perfekte Form der Entspannung und deswegen überhaupt keine Arbeit. Was konnte ich dem noch entgegensetzen?

Also zog bei uns nach vielen Jahren mit einem klobigen Gerät zum Hinterherziehen ein neuer Staubsauger ein. Kabellos, leicht und mit Wechselakku. Eine gute Entscheidung, wie ich heute weiß. Zunächst einmal geht es schneller und bequemer. Der Sauger steht in einer Ladestation, man nimmt ihn raus und kann loslegen. Außerdem benötigt er keine Beutel mehr, sondern sammelt Staub und Flusen in einem durchsichtigen Behälter. Ist der voll, kann der Schmutz in den Hausmüll entsorgt werden. Das reduziert Abfall.

An dieser Stelle werden viele beim Lesen denken: Moment, der Akku! Ja, das war auch meine Sorge. Aber die Stiftung Warentest hat ganz genau auf die Ökobilanz von Staubsaugern mit Kabel und Akku geschaut. Das Ergebnis fiel überraschend aus.

Da ist zunächst einmal die Herstellung. In der Regel wiegen Kabelgeräte zwar zwei- bis dreimal so viel wie Akkusauger. Dafür ist bei diesen Geräten die Herstellung deutlich aufwendiger, weil mehr Elektronik verbaut wird. Rechnet man, beginnend von der Fabrik über den Transport, zusammen, wie viel Rohstoff, Wasser sowie Strom verbraucht und wie viel Treibhausgas verursacht wird, liegen beide Gerätegruppen nahezu gleichauf. Laut Stiftung Warentest spielen die wiederaufladbaren Batterien der kabellosen Sauger in dieser Rechnung nur eine kleine Rolle. Die Tester erklären: »Selbst problematische Rohstoffe wie Lithium oder Kobalt fallen kaum ins Gewicht, dafür sind die verwendeten Mengen zu gering.«

Am Ende entscheidet der Stromverbrauch über den Gewinner dieser Ökobilanz. Zwar hat die EU-Kommission festgesetzt, dass ab 2017 nur noch Staubsauger mit einer Leistung von maximal 900 Watt verkauft werden dürfen, trotzdem sind vor allem Kabelgeräte immer noch wahre Energiefresser. Werden sie einmal wöchentlich auf höchster Leistungsstufe genutzt, verbrauchen sie über zehn Jahre fast doppelt so viel Strom wie Akkusauger. Selbst wenn diese Geräte irgendwann einen Ersatzakku benötigen, liegen sie immer noch vorn.

Großen Einfluss auf die Ökobilanz hat bei beiden Geräten, auf welcher Stufe sie laufen. Bei voller Leistung verbrauchen sowohl Kabel- als auch Akkusauger etwa doppelt so viel Strom wie auf niedriger Stufe. Beim kabellosen Gerät kommt hinzu, dass die volle Saugkraft den Akku deutlich schneller verschleißt. In zehn Jahren, so Warentest, braucht ein Gerät, das so gefordert wird, im Durchschnitt drei neue Akkus. Auf mittlerer Leistungsstufe hält ein Akku etwa sechs Jahre, auf niedriger Stufe bis zu zehn.

In den Haushalten sind immer noch viele Altgeräte im Einsatz. Mit Blick auf die Umwelt ist das keine gute Nachricht. Wir hatten auch so einen alten – mit 2000 Watt Leistung! Entsorgt man den fachgerecht und kauft ein neues Gerät mit 650 Watt, so haben die Warentester ausgerechnet, lohnt sich die Neuanschaffung ökologisch spätestens nach etwa zweieinhalb Jahren. Mit dem wachsenden Anteil von Ökostrom in Deutschland wird sich diese Rechnung weiter verbessern. Mein Bruch mit der alten Familienregel war nicht nur gut für den Stresspegel meines Mannes – sondern auch für die Umwelt.

64

ATMEN?

Neulich erreichte mich eine Leser-Mail: »Mich interessiert, was Menschen am Tag an CO_2 durch Atmung ausstoßen.« Eine clevere Überlegung, die bei mir sofort die Neugierde auslöste: Wirkt sich allein die Existenz des Homo sapiens auf das Klima aus? Also abgesehen von seinem Massenkonsum an fossiler Energie? Immerhin hat sich die Weltbevölkerung in den vergangenen 100 Jahren mehr als vervierfacht. Heute leben über acht Milliarden Menschen auf der Erde.

Welchen Einfluss nehmen wir also auf das Klima, nur weil wir ständig Luft holen müssen? Pro Minute führen Erwachsene im Normalzustand 12 bis 18 Atemzüge aus, bei Babys können es sogar 50 sein. Jedes Kind lernt in der Schule: Beim Einatmen nehmen wir Sauerstoff auf. Und beim Ausatmen geben wir Kohlendioxid ab. Und zwar ziemlich konstant 40 Milliliter pro Liter, so das Max-Planck-Institut für Herz- und Lungenforschung.

Da kommt pro Leib eine stattliche Menge CO_2 zusammen. Wie groß sie ausfällt, hängt stark vom Gewicht sowie der Aktivität einer Person ab. Wer entspannt auf dem Sofa lümmelt, durchspült seine Lunge mit rund vier Liter Luft pro Minute. Unter starker Belastung, etwa beim Sport oder bei Über-

gewicht, können es aber auch 50 Liter werden. Am Jahres-
ende hat jeder Mensch allein durch seine Existenz zwischen
knapp 170 Kilogramm und gut zwei Tonnen Kohlendioxid
emittiert, so das Fachportal CO_2online.

Das klingt auf den ersten Blick bedrohlich. Nehmen wir
an, es wären im Durchschnitt 500 Kilogramm pro Mensch.
Dann bliese die Weltbevölkerung allein durchs Atmen fast
vier Milliarden Tonnen CO_2 pro Jahr in die Luft. Das entspräche mehr als dem Vierfachen der Emissionen, die der globale
Flugverkehr verursacht. Oder rund 230 Milliarden Kilometern mit Dieselautos. Klimaleugner – etwa von der AfD – jon-
glieren gern mit solchen Vergleichen, um die Anstrengungen
beim Klimaschutz ins Lächerliche zu ziehen.

Doch solche Argumente sind blanker Unsinn: Der Kohlen-
stoffkreislauf in der Natur ist nahezu perfekt austariert. Laut
Umweltbundesamt werden zwischen Atmosphäre und Ozean
im Mittel rund 90 Milliarden Tonnen Kohlenstoff pro Jahr
ausgetauscht, zwischen Atmosphäre und Vegetation rund
60 Milliarden Tonnen. Die CO_2-Nettobilanz ist in beiden Fällen etwa gleich null und nimmt damit so gut wie keinen Einfluss auf das Klima.

Auch die Atmung des Menschen bringt dieses Gleich-
gewicht nicht durcheinander – sie ist ein Teil davon. Was
wir an CO_2 ausatmen, war immer im biologischen Kreislauf vorhanden. Wenn wir Tiere oder Pflanzen verspeisen,
führen wir uns chemisch gebundenen Kohlenstoff zu und
atmen ihn später als Kohlendioxid wieder aus. Dieses CO_2
ziehen Pflanzen erneut aus der Atmosphäre und bilden daraus mithilfe von Sonnenenergie neue Menschennahrung
oder Tierfutter – Getreide, Früchte, Gras. Der Kreislauf
ist geschlossen.

Solange wir klimaschonend hergestellte Speisen zu uns nehmen, schadet unser Atem dem Klima also nicht. Wir leben dann in Harmonie mit der Natur. Das ändert sich radikal, wenn der von uns verbrauchte Kohlenstoff nicht aus der Luft stammt, sondern aus natürlichen Langzeitspeichern wie Kohle, Gas, Öl oder Holz. Wenn wir energieintensiv düngen, für die Viehzucht Wälder roden oder Lebensmittel mit Lkw durch die Welt transportieren. Dann steigt der CO_2-Anteil in der Atmosphäre, und die Erderwärmung nimmt ihren Lauf.

Fazit: Jeder Mensch atmet im Schnitt grob geschätzte 500 Kilogramm CO_2 im Jahr aus. Das ist natürlich und damit klimatisch unbedenklich. Über die Energie, die wir für unseren Konsum verbrauchen, kommen 4,8 Tonnen pro Kopf

Atemloses Wachstum

▶ Weltbevölkerung von 1800–2100

- 1800 ca. 1 Mrd.
- 1927 2 Mrd.
- 1960 3 Mrd.
- 1974 4 Mrd.
- 1987 5 Mrd.
- 1999 6 Mrd.
- 2011 7 Mrd.
- 2023 8 Mrd.

PROGNOSE

- 15,6 Mrd. hohe Variante
- 10,9 Mrd. mittlere Variante
- 7,3 Mrd. niedrige Variante

Quelle: Vereinte Nationen; www.ardalpha.de/wissen/umwelt/nachhaltigkeit/weltbevoelkerung-bevoelkerungswachstum-menschen-erde-welt-110.html; Stand Juli 2024.

hinzu. Das ist unnatürlich und höchst bedenklich. Denn so entsteht der Klimawandel. Wir Deutsche leisten uns sogar 7,9 Tonnen. Also, ihr schnappatmenden Klimawandelleugner: Wir müssen dringend davon runterkommen.

65

HOLZDILDO ODER SILIKON?

Auf meinem Heimweg über die Reeperbahn komme ich an vielen Sexshops vorbei. In den Schaufenstern schaue ich gern, was es Neues gibt. Kürzlich stieß ich auf ein schwarzes Paddel mit der roten Aufschrift »Spank me«. Zur Erklärung stand auf einem kleinen Schild daneben: »Für klatschende Hiebe mit Liebe.« Als ich den Hinweis las, das Produkt sei aus »echtem Rindsleder«, war das Thema für diese Nachhaltigkeitskolumne geboren: Wie viel Öko steckt in Peitsche, Dildo und Co.?

Eine Frage, die nicht nur mich beschäftigt. »Green Sex« heißt das, lerne ich. Amorelie, ein Online-Versandhändler für Erotikspielzeug, befragte dazu 2000 Kundinnen und Kunden für seinen »Sexreport 2022«. 66 Prozent gaben an, ihnen sei beim Kauf ihrer Sexprodukte wichtig, dass sie nachhaltig seien. Manche rühren sogar ihr eigenes Gleitgel an. Auf Tiktok gibt es Anleitungsvideos, wie man aus Stärke und Wasser auf dem heimischen Herd Öko-Glibsch kocht. Und so den industriell aus Erdöl produzierten umgeht. Die Videos werden millionenfach geklickt.

Maja beschäftigt sich fast täglich damit, wie man nachhaltiger Sex haben kann. Sie arbeitet im Berliner Sexshop

»Other Nature«, einem der ersten in Deutschland, die sich auf umweltfreundliche Produkte spezialisiert haben. Ich erzähle ihr von der Entdeckung im Schaufenster – sie lacht. Für Leder müssen Tiere erst gezüchtet und dann getötet werden. Sie sagt: »Bei uns im Laden verkaufen wir deswegen Peitschen, Halsbänder und Geschirre, die aus alten Fahrradschläuchen hergestellt werden.« Großer Vorteil dieses Materials: Es ist langlebig, belastbar und lässt sich sehr gut reinigen.

Wie passen Green Sex und Safer Sex zusammen? Leider noch nicht so prickelnd. Safer Sex ist nach wie vor eine Umweltsauerei. Kondome schützen vor Krankheiten und Schwangerschaften, aber nach Gebrauch fangen die Probleme an. Laut Schätzungen werden weltweit pro Jahr etwa zehn Milliarden Latexkondome hergestellt. Die meisten landen auf Mülldeponien, denn das aus Erdöl hergestellte Material enthält Hilfsstoffe und Chemikalien, die Recycling unmöglich machen. Deutlich umweltfreundlicher liebt es sich mit Kondomen aus Naturkautschuk. Den Rohstoff liefert der Gummibaum Hevea brasiliensis. Er wird angeritzt, sein Saft wird abgezapft. Klingt natürlich. Aber auch dieses Material ist nicht unumstritten. Es kommt darauf an, wo und wie der Baum angepflanzt wird. Vor allem in Asien gibt es große Monokulturen, in denen oft Pestizide und Herbizide eingesetzt werden. In den konventionellen Kautschukfabriken wird der Naturgummi mit dem Milchprotein Casein vermischt, das macht ihn weich. Aber der Stoff kommt in der Regel aus der Massentierhaltung. »Ein komplexes Thema«, sagt Maja. Ihr Rat: »Schauen Sie genau hin, es gibt inzwischen Kondome ohne Casein, die aus nachhaltig produziertem und fair gehandeltem Naturkautschuk hergestellt werden.«

Beim Sexspielzeug ist die grüne Welle nicht mal beim Vorspiel angekommen. Dildos und Co. werden oft billig in Asien produziert. Bei der EU interessiert sich keiner wirklich für Sextoys. Es ist nicht geregelt, welche Stoffe enthalten sein dürfen. Laut einer Untersuchung der Stiftung Warentest von 2019 waren von 18 getesteten Sexspielzeugen nur drei nicht mit Schadstoffen belastet. Am Ende landen die als Müll im Boden, oder sie wandern im schlimmsten Fall über die Schleimhäute in den Körper.

Maja aus dem Sexshop hat einen praktischen Tipp parat: »Riecht ein Sexspielzeug stark nach Plastik, sollte man die Finger davon lassen.« Der Geruch sei ein Hinweis auf minderwertiges Material. Was man stattdessen lieber mit ins Bett nehmen sollte? »Bei Sextoys ist medizinisches Silikon das beste Material«, so Maja. Es ist sehr lange haltbar und lässt sich recht gut recyceln. Wer noch sauberer kommen will, für den oder die gibt es Dildos aus Holz oder Glas. So steht dem Klimagipfel eigentlich nichts im Weg.

66

BACKPAPIER ODER MATTE?

Wer nachhaltiger leben möchte, kommt am Selbermachen nicht vorbei. Nehmen wir nur mal das Essen. Es ist in jeder Hinsicht ratsamer, sich Frisches vom Markt zuzubereiten, als industriell verschweißte Fertiggerichte aufzuwärmen. Der Haken: Auch selten beachtete Details können dabei die Öko-bilanz vermiesen. Um in der Küche zu bleiben: Backpapier ist so ein Detail.

Das Problem beginnt beim Namen: Mit Papier haben die Produkte nur wenig zu tun. Klar, es sind Holzfasern enthal-ten. Aber weil diese allein in der Hitze des Ofens in Flammen aufgehen würden, müssen die Hersteller sie vorab behan-deln. Liest man, was dafür nach Angaben des Bundesinstituts für Risikobewertung zum Einsatz kommen darf, kann einem schwindlig werden. Auf zehn Seiten geht es um »Entwäs-serungsbeschleuniger« wie Polyethylenimin, »Schleimver-hinderungsmittel« wie Fruktosepolysaccharid oder Leim-stoffe und Faserbindemittel, die unaussprechliche Namen wie Carboxymethylgalactomannan tragen.

Die gute Nachricht: All das ist gesundheitlich – zunächst – unbedenklich. Das Niedersächsische Landesamt für Verbrau-cherschutz und Lebensmittelsicherheit untersucht regelmäßig, ob die Inhaltsstoffe beim Backen Menschen gefährden, eine »unvertretbare Veränderung der Zusammensetzung der gebackenen Lebensmittel bewirken« oder deren Geschmack und Geruch beeinträchtigen. Das ist nicht der Fall. Sämtliche Proben der vergangenen Jahre »entsprachen den Anforderungen«. Anders sieht es aber aus, wenn man den gesamten Lebenszyklus betrachtet, also die Entsorgung miteinbezieht. Da zeigt sich: Backpapier darf weder ins Altpapier noch auf den Kompost – auch wenn einige Hersteller damit werben –, es muss in den Restmüll. Die Silikone und sogenannten per- und polyfluorierten Alkylsubstanzen (PFAS), die dem Papier seine abperlende, wasser- und fettabweisende Eigenschaft verleihen, sind langlebige Industriechemikalien. Sie reichern sich in der Natur und Tierwelt an und landen über den Umweg der Nahrungskette dann doch auf unserem Teller. Vor allem PFAS halten Wissenschaftler für ein gravierendes Problem. Der Einsatz einiger dieser Substanzen wurde bereits begrenzt.

Was also tun? Weil Hersteller das Problem zunehmend erkennen, bieten sie sogenannte Dauerbackfolien und Backmatten an. Sie kosten bis zu 20 Euro pro Stück und sollen bis zu 1000-mal eingesetzt werden können. Ist das nachhaltiger? Es kommt darauf an.

Zwar verhalten sich die Alternativen in der Küche ebenso unauffällig wie Backpapier. Das Labor der Zeitschrift »Öko-Test« hatte bei vier Produkten aus Silikon nichts zu beanstanden. Die Werte der fünften Folie aber, die Teflon enthielt (was zu den bereits erwähnten PFAS gehört), lag über dem erlaubten Grenzwert.

Nun hätte die Folie in diesem Zustand gar nicht erst verkauft werden dürfen, so die Tester. Aber selbst wenn die

Werte im zugelassenen Bereich lägen, ist dazu nicht zu raten. Über die Vielzahl von PFAS-Verbindungen – es gibt Tausende – und ihre Wirkungen ist zu wenig bekannt. Silikon wird in der Natur zwar ebenfalls nur nach sehr langer Zeit abgebaut. Allerdings ist die Wissenschaft hier weiter. Deshalb sagt beispielsweise das Umweltbundesamt, dass Backmatten aus Silikon im Vergleich zu allen Alternativen am besten abschneiden. Sofern sie tatsächlich möglichst lange eingesetzt werden.

Wobei: Am nachhaltigsten ist es, ganz auf Matten, Folien und Papiere zu verzichten. Also gar keine Rohstoffe, Energie und Chemikalien zu beanspruchen, die bei der Herstellung benötigt werden, und das Blech stattdessen bloß ein wenig einzufetten. Womit wir wieder beim Selbermachen wären.

Wie gut man seine Pizza, Kuchen, Kekse und das Gemüse dann allerdings von der Unterlage bekommt, muss jeder selbst ausprobieren.

67

WASSER- ODER WINDKRAFT?

Vor einiger Zeit schrieb ein Leser eine Mail zu den ambitionierten Plänen der Bundesregierung, die Kapazität von Windrädern und Photovoltaikanlagen drastisch auszubauen. Man könne, so sein Einwand, in Deutschland viel schneller CO_2 einsparen, wenn man an den rund 400 000 Kilometer langen Flüssen und Bächen mehr Wasserkraftwerke errichten würde. Alles, was fließe, könne Generatoren antreiben und Strom erzeugen. Und der Ärger mit Anwohnern sei ganz sicher überschaubar.

Das klingt zunächst logisch. Natürlicher kann man Energie kaum effizienter gewinnen als in den unaufhörlich dahinfließenden Gewässern. In Mesopotamien nutzten die Menschen schon im 5. Jahrhundert vor Christus wasserbetriebene Schöpfräder zur Bewässerung ihrer Felder. Im heutigen Deutschland arbeitete wahrscheinlich eine der ersten Wassermühlen, vor etwa 2000 Jahren nahe Düren, installiert von den Römern. Die CO_2-Bilanz ist vorbildlich: Laut älteren Berechnungen fallen nur zwischen vier und 13 Gramm des Klimagases pro erzeugter Kilowattstunde an – und die stammen überwiegend vom Bau der Staudämme und Wehre. Im Betrieb liegen die Emissionen bei nahezu null.

Weil das so ist, sind bei uns schon sehr viele Wasserkraft-
anlagen am Netz, etwa 7300. Die meisten arbeiten im Süden an
Inn, Rhein, Donau, Isar, Lech, Mosel, Main, Neckar und Iller.
Zusammen können sie maximal rund 5600 Megawatt erzeugen. Das entspricht der Leistung von etwa vier Atomkraftwer-
ken. Insgesamt liefern sie derzeit rund vier Prozent des benötigten Stroms. Nur 700 von ihnen sind allerdings Großerzeuger
wie das Rheinkraftwerk Iffezheim. Die meisten sind Kleinst-
anlagen, die kaum mehr als eine Firma versorgen können.

Wäre es also eine gute Idee, die Zahl der Wasserkraftwerke
weiter mit Macht zu erhöhen? Die Antwort fällt doppelt negativ aus: Zum einen ist das deutsche Potenzial für eine pro-
fitable Wasserkraft laut Bundesumweltministerium schon zu
rund 80 Prozent ausgeschöpft. Zum anderen sind die Wassermühlen nicht wirklich eine stabile Lösung gegen den Klimawandel – weil sie selbst ein Opfer der Erderwärmung sind.
In den vergangenen Jahren wurde ihr Ertrag immer volatiler,
weil viele Flüsse wegen der anhaltenden Dürrephasen wenig Wasser führten. Wenn die Wassergeschwindigkeit sinkt,
wird den Generatoren nicht mehr genug Bewegungsenergie
zugeführt, die sie in elektrischen Strom umwandeln können.

Noch aus einem dritten Grund wäre der weitere Ausbau
gewagt: In Deutschland folgt schon jetzt kaum mehr ein grö-
ßerer Fluss seinem ursprünglichen Lauf. Die meisten sind
begradigte, teils gestaute Wasserstraßen, ausgelegt auf den
Schiffsverkehr oder die Energiegewinnung. Jeder Umbau
reduziert die natürlichen Überschwemmungsgebiete. Welche
Folgen das zeitigen kann, hat die Juliflut 2022 gezeigt: Regnen
gewaltige Wassermassen herab und steigt der Pegel, kann das
Nass kaum mehr in die Natur abfließen.

Mehr noch: Dürfen Flüsse nicht mehr durch die Landschaft mäandern, werden sie zudem durch Staumauern, Schleusen und Wehre ausgebremst, verändert sich die Flusslandschaft viele Kilometer flussauf- und flussabwärts. Mit den natürlichen Auen, die Schadstoffe aus dem Wasser filtern und große Mengen Kohlenstoff speichern, gehen wichtige Bollwerke gegen Umweltschäden und Klimawandel verloren. Auch Fische leiden: Sie können nicht mehr auf ihren natürlichen Wegen zu ihren Laichgebieten wandern oder werden von den Turbinen geschreddert. Allerdings: Heute unternimmt man große Anstrengungen, diese Nachteile möglichst auszugleichen. Fische erhalten etwa eigene Wassertreppen, um ein Wehr stromauf passieren zu können.

Wenig Wasser, viel Wind

Strommix in Deutschland 2023

Konventionelle Energien: 40,4 %

Erneuerbare Energien: 59,6 %

Andere 2,2 %

Kernenergie 1,6 %

Erdgas 10,6 %

Steinkohle 8,4 %

Windkraft 32,2 %

436 TWh [Mrd. kWh]

Photovoltaik 12,4 %

Braunkohle 18 %

Biomasse 9,8 %

Wasserkraft 4,7 %

Es wird die Nettoproduktion aller Kraftwerke dargestellt.

Quelle: Fraunhofer ISE; https://strom-report.com/download/strommix-2023; Stand Juli 2024.

Die gute Nachricht: Sonnen- und Windkraftwerke sind in Deutschland so gut ausbaufähig, dass wir mit ihnen allein in ein, zwei Jahrzehnten unseren Stromhunger weitgehend werden stillen können.

68

NAGELLACK DRAUF
ODER LACK AB?

Haben Sie sich schon mit den Nageltrends vertraut gemacht? Etwa, dass inzwischen nicht nur der Chromlook und metallische Akzente in Gold und Silber angesagt, sondern auch 3-D-Arbeiten im Kommen sind? Also aufgeklebte Kugeln oder andere Verzierungen, die sich deutlich vom Nagel abheben?

Influencerinnen geben auf Tiktok und in anderen sozialen Medien modische Prognosen für die Nagelgestaltung ab. Die Zahl der Nutzerinnen, die vorführen, wie sie ihre Finger kunstfertig mit Lacken, Gel-, Acryl- und »Press on«-Nägeln verziert haben, wächst stark. Sie teilen ihre Inspirationen unter Hashtags wie #Nailinspo.

Was man hingegen nur sehr selten findet, sind Tipps zu nachhaltigen, klimafreundlichen Designs. Dabei wären sie dringend nötig. Nagellacke basieren oft auf bedenklichen Rezepturen, die vor knapp hundert Jahren für das Lackieren von Fahrzeugen erfunden wurden und einiges an Chemie enthalten: Binde- und Lösungsmittel, Stabilisatoren, Weichmacher, UV-Filter, Konservierungsstoffe. Das Kantonslabor von Basel hat in den vergangenen Jahren wiederholt Nagellacke

225

untersucht und zum Teil Verkaufsverbote ausgesprochen. Als sich Stiftung Warentest 2023 rote Nagellacke vornahm, wiesen sieben von 20 Produkten einen erhöhten Gehalt von Nitrosamin auf, einer chemischen Verbindung, die krebserregend sein kann. Zwar gehe von den Funden keine »relevante Gesundheitsgefahr« aus, aber die Unternehmen sollten ihre Produkte strenger kontrollieren, forderten die Tester.

Die Branche versucht offenbar, nachhaltiger zu werden durch sogenannte »Free from«-Produkte. Die Label »5-free« oder »7-free« bedeuten, dass der Hersteller auf fünf oder sieben bedenkliche Inhaltsstoffe verzichtet hat. Allerdings hat die Kennzeichnung Grenzen. Die Hersteller können selbst auswählen, welche Zutaten sie weglassen (meist Formaldehyd und Toluol); extern geprüft wird ihre Marketingaussage nicht.

Zum anderen beeinflusst der Verzicht die Produktqualität. Naturstoffe oder vegane Farbpigmente, die als Ersatz ins Spiel kommen, leisten häufig nicht das Gleiche wie ihre synthetischen oder tierischen Pendants. Dabei sollen Nagelprodukte nicht nur optisch glänzen, sondern auch halten: im Beruf, beim Sport, bei der Hausarbeit.

Nutzerinnen der Artikel – es sind überwiegend Frauen – sind die Probleme bewusst, das zeigte eine britische Umfrage. Trotzdem werfen sie Fläschchen mit Lackresten wie selbstverständlich in den Hausmüll, wo sie wegen ihrer Rückstände nicht landen sollten. Gelangen die Reste in die Umwelt, können sie Lebewesen in Flüssen, Seen und Meeren schädigen. Freigesetzt werden sie auf jeden Fall, wie eine Studie zeigt: In Nagelstudios ist die Konzentration von Mikroplastik in der Luft deutlich erhöht.

Und es fällt jede Menge mehr Müll an. Die US-Initiative »Green Circle Salons«, die Beautysalons und Nagelstudios zu mehr Nachhaltigkeit bewegen will, geht davon aus, dass die Schönheitsbranche allein in Nordamerika pro Minute mehr als 400 Kilogramm Abfall produziert, vielfach durch Verpackungen. Utensilien wie Nagelfeilen, Pinsel und Tücher können aufgrund der Stoffe, mit denen sie in Berührung kommen, nicht wiederverwendet werden. Zudem sind aufgeklebte Gel- oder Acrylnägel, die mithilfe von für die Haut bedenklichen UV-Lampen gehärtet werden, oftmals zu klein, um sie recyceln zu können.

Der Wunsch, seine Fingerspitzen bunter und schöner zu machen, ist fast so alt wie die Menschheit. Schon 10 000 vor Christus rührten Leute in Ägypten Henna und Ton an, um sie zu färben. Von solchen Naturstoffen ist in heutigen Produkten nicht mehr viel enthalten. Angesichts der Geschwindigkeit, mit der Nageltrends in sozialen Medien vorangetrieben werden, wäre es gut, mehr nachhaltige Alternativen zu haben. Dann vielleicht unter einem neuen Hashtag: #GreenNailinspo.

69

BEHALTEN ODER ZURÜCKSCHICKEN?

Ob es wieder einen Rekord geben wird? So wie 2021, als die Deutschen 530 Millionen Pakete an die Onlinehändler zurückschickten. So viele wie nie zuvor, pro Bürger mehr als sechs Pakete, statistisch betrachtet. Ist ja auch bequem, sich die Blusen in drei unterschiedlichen Farben nach Hause liefern zu lassen. Was nicht gefällt, wird eben zurückgeschickt. Aber wie schlimm sind Retouren eigentlich?

Prinzipiell ist der Onlinehandel nicht so umweltschädlich, wie viele denken. Klar, zahllose Päckchen werden ausgeliefert, Laster stoßen CO_2 aus. Kohlendioxid wird aber auch freigesetzt, wenn sich der Kunde aus der Vorstadt in sein SUV setzt und für ein Paar Sneakers die Metropole ansteuert. Die Geschäfte brauchen Strom und müssen geheizt werden. Ein Kreislaufwirtschaftsexperte des Hamburger Ökopol-Instituts sagt: »Die Sache ist nicht so einfach: hier der böse Onlinehändler, dort der gute Ladenbesitzer.« Auf die Umstände komme es an. Wie erreicht der Kunde das Geschäft? Per Auto, Bahn oder Fahrrad? Fährt er extra los, oder legt er einen Stopp auf der Heimfahrt von der Arbeit ein?

Einen Nachteil hat der Onlinehandel aber: die Retouren. Etwa jede vierte Lieferung tritt die Rückreise an; 91 Prozent davon sind Kleidung oder Schuhe. Klimatechnisch heißt das, dass auf der Überlandtour der 530 Millionen Pakete etwa 795 000 Tonnen CO_2 in die Atmosphäre geblasen werden. Das hat ein Retourenspezialist von der Uni Bamberg berechnet. 795 000 Tonnen CO_2, das ist die Menge, die 6,6 Millionen Autos auf der Fahrt von München nach Hamburg durch den Auspuff jagen.

Nicht so genau weiß man, was die Firmen mit den Retouren anstellen. »Das ist eine riesige Blackbox«, sagt ein Uni-Spezialist. Die Pakete wandern oft nach Tschechien, Polen oder in die Slowakei, wo Billigjobber sie in speziellen Zentren größtenteils aufbereiten, damit die Ware weiterverkauft werden kann. Oft ist das schwierig, weil manche Kunden die Rücksendung als Mülleimer oder Resterampe nutzen; ein Sexspielzeug-Händler soll sogar statt eines Vibrators eine Salami zurückerhalten haben.

Was nicht aufbereitet werden kann, wird zerstört. Die Firmen sprechen von Quoten im Promillebereich, die Uni Bamberg von drei, vier Prozent aller Artikel. Macht ein paar Millionen Pakete, die hin- und hergefahren werden, nur um am Ende deren Inhalt zu schreddern. Nein, Marktwirtschaft ist manchmal nicht zu verstehen.

Aber: Auch der stationäre Handel vernichtet Ware. Vor allem Saisonartikel, damit die Regale frei für Neues werden. Der Wert soll bei jährlich sieben Milliarden Euro liegen.

Die Zahl der Retouren ließe sich begrenzen. Das versprach schon die ehemalige Umweltministerin Svenja Schulze (SPD) und überarbeitete das Kreislaufwirtschaftsgesetz. Die Firmen sollten präziser berichten, was mit den Retouren geschieht, und weniger vernichten. Sie machen es bis heute kaum, weil genaue Vorschriften dafür fehlen. Die nachfolgende Ampelregierung vertagte das Problem und setzte auf die heilende Wirkung einer Ökodesign-Verordnung der EU.

Viele Firmen sind allerdings sensibilisiert und versuchen selbst, die Flut der Retouren einzudämmen. Behaupten sie. Mit Extrateams, Apps oder genauen Hinweisen, damit der Kunde die richtige Kleidergröße findet. Doch Experten bezweifeln den Ernst der Unternehmen. »Onlinehandel lebt vom ständigen Verkauf und der kostenlosen Rücksendung«, heißt es bei der Uni Bamberg. Ändern würde sich wohl nur etwas, wenn die Kunden für die Retouren zu zahlen hätten. Das will aber ein Großteil der Händler nicht. Vielleicht ändert sich auch das Bestellverhalten, wenn die Bürger mehr über die Tourneen der Retouren wissen.

Der Kunde in uns könnte auch grundsätzlich werden. Brauche ich wirklich das elfte T-Shirt, die neunte Hose? Die Umwelt wird ja nicht nur durch Produktion und Vertrieb belastet, Hosen müssen gewaschen, Geräte entsorgt werden, das frisst alles Energie. Weniger wäre da mehr. Wir müssen nicht dauernd Rekorde brechen.

70

AVOCADOS GENIESSEN
ODER MEIDEN?

Ob jemand heute noch so Avocados anpreisen würde? Eine schlanke Blondine rekelt sich im weißen Badeanzug, löffelt lasziv aus einer halbierten Frucht und sagt: »Dieser Körper braucht Nährstoffe.« Iss diese Frucht, verspricht sie, und schon klappt's mit dem Model-Body.

Der Clip der US-Schauspielerin Angie Dickinson, Star des US-Kultwesterns »Rio Bravo«, sollte das Image der Avocado aufpolieren. Damals, Anfang der Achtziger galt die als fad und fett und drohte ein Ladenhüter zu werden. Heute ist die Butterfrucht, wie sie früher hieß, eine Ikone der Veganerinnen und Vegetarier. Sie soll schlank und schlau machen und das Leben verlängern. Aus Liebe zu ihr fluten die Aficionados das Internet mit Bildchen – allein unter #avocadotoast finden sich auf Instagram über 2,2 Millionen. Es locken Avocado-Öl, -Smoothies, -Fritten, -Briefpapier, ja sogar Möbel aus Avocado-Holz.

»Persea americana«, so der lateinische Name, ist Lifestyle geworden. Und zwar global. Hipsters Liebling hat aber auch seine dunklen Seiten. Umweltzerstörung und Gangsterkriege gehören dazu, weswegen der irische Sternekoch John Paul

McMahon von den »Blutdiamanten von Mexiko« spricht. Darf man also noch zur Avocado greifen?

Gut für die Ernährung ist die Beere auf jeden Fall, sagen Botaniker. Sie enthält viele Mineralstoffe und Vitamine, etwa B_6, D und E (gut für Immunsystem, Knochenwuchs und zur Vorbeugung gegen Krankheiten). Weiter glänzt sie mit ungesättigten Fettsäuren, die das Risiko von Herz-Kreislauf-Erkrankungen senken und wie eine Art Booster auf Augen, Gehirn und Gedächtnis wirken sollen.

Die Azteken haben die Frucht vor etwa 800 Jahren kultiviert. Lange Zeit aßen sie nur Einheimische und ein paar Feinschmecker in Kalifornien. Eine clevere US-Werbekampagne in den 90er-Jahren änderte das. Sie machte Guacamole (zerdrückte Avocado mit Gewürzen und Limettensaft) zum Bestandteil der Fressgelage rund um den Superbowl. Weil zudem ein paar Importhürden fielen, stieg Mexiko zum weltgrößten Produzenten auf. Fast jede zweite gehandelte Avocado kommt von dort.

Für den Erfolg wurden Landschaften umgepflügt. Wälder verschwanden, Bewässerungsanlagen entstanden, das Grundwasser sank. Da die Avocado viele Kleinbauern aus der Armut holte, wollten Mexikos Drogenbosse mitkassieren. Sie fordern Schutzgeld, foltern schon mal ihre Gegner und hängen zuweilen geschändete Leichen an Brücken auf.

Und wie fällt die Ökobilanz der Frucht aus? Vor allem braucht sie Wasser, je nach Anbau etwa 1000 bis 2000 Liter pro Kilo. Das ist viel verglichen mit Salat und Tomaten (130 und 180 Liter), aber wenig verglichen mit Käse, Rindfleisch oder Kakao (5000, 15 500 und 24 000 Liter). Negativ wirkt die umgepflügte Landschaft, doch das gilt für alle Monokulturen, auch für Soja. Ebenfalls ungünstig ist der lange Transport aus

Mittel- und Südamerika oder Südafrika, der Energie kostet, zumal die Frucht in Kühlkammern nachreifen muss. Trotzdem fällt die Bilanz positiv aus, jedenfalls verglichen mit aufwendig erzeugten tierischen Lebensmitteln wie Rindfleisch, Butter oder Käse. Laut einer Studie des Instituts für Energie- und Umweltforschung (Ifeu) in Heidelberg wird für ein Kilo Avocados nur 0,8 Kilo CO_2 verbraucht, bei Käse sind es 5,7 Kilo CO_2, bei Butter und Rindfleisch 9 und 13,6 Kilo.

Bleibt die Bandenkriminalität. Doch das Problem kann kein Supermarkt lösen, sondern nur der mexikanische Staat – die Gangster mischen übrigens auch bei Erdbeeren, Limetten oder Holz mit. Dem Ökogewissen helfen Bio- oder Fairtrade-Avocados. Sie werden in Regionen angebaut, wo Wasser nicht knapp ist und keine Monokulturen vorherrschen.

Überlegenswert sind Alternativen. Manche Köche experimentieren mit Dips aus Bohnen, Stachelbeeren, Erbsen oder Topinambur als Guacamole-Ersatz. Fehlt vermutlich nur der richtige Werbefilm. Muss ja keine Blondine im Badeanzug sein.

71

E-AUTOS ODER VERBRENNER?

Oft erreichen die »Stern«-Redaktion Mails mit der Frage: Sind E-Autos wirklich klimafreundlich? Ein Leser schrieb, jemand habe ihm erzählt, ein Tesla sei erst nach 150 000 Kilometer Laufleistung besser als ein modernes Dieselfahrzeug. Diese Einschätzung ist verbreitet und trägt wesentlich zum Stau bei der deutschen Verkehrswende bei. Unsichere Kunden wählen am Ende doch wieder einen Verbrenner.

Um eine Ökobilanz zu ziehen, darf man nicht nur den Energieverbrauch beim Fahren vergleichen. Man muss den gesamten Lebenszyklus unter die Lupe nehmen, von der Produktion bis zur Verschrottung. Beim Verbrennerfahrzeug entstehen 80 Prozent aller CO_2-Emissionen während der Fahrt. Beim E-Auto entsteht die Hauptemission bei der Produktion des Akkus mit seinen vielen wertvollen Zutaten. Auf der Straße verursacht es kaum mehr Schadstoffe.

Inzwischen gibt es wissenschaftliche Studien, die sich an einer ehrlichen Ökobilanz versuchen. 2023 hat sich der Verein Deutscher Ingenieure (VDI), lange Zeit glühender Verfechter des sparsamen Verbrenners, die Golf-Klasse vorgenommen. Fazit: Das kompakte E-Auto ist über den Lebenszyklus stets am klimafreundlichsten. Bei einer angenommenen Laufleistung von 200 000 Kilometern verursacht es 24,2 Tonnen CO_2. Ein Plug-in-Hybrid sorgt für 24,8 Tonnen, ein Diesel für 33 Tonnen und ein Benziner für 37 Tonnen. Fließt reiner Ökostrom in den Akku, wie an den meisten öffentlichen Ladesäulen, ist man mit dem E-Auto ab 65 000 Kilometer sauberer unterwegs als mit dem Verbrenner. Nutzt man den Standard-Strommix, nach 90 000 Kilometern. Selbst bei rein fossilem Strom siegt das E-Auto.

Es gibt andere Gutachten, die noch günstiger für E-Autos ausfallen. Das Österreichische Umweltbundesamt sagt, E-Autos verursachten im Lebenszyklus bis zu 79 Prozent weniger CO_2 als konventionelle Pkw. Der Unterschied resultiert auch aus der Einschätzung, wie viel Energie die Spritanbieter einsetzen müssen, um Kraftstoff herzustellen. Und zwar auf der gesamten Strecke vom Erdölbohrer über die Raffinerien bis zur Tankstelle. Man nennt diese Art Energie, die nicht unmittelbar beim Fahren anfällt, »graue Energie«.

Die Mineralölwirtschaft hält sich mit Zahlen über Graustrom bedeckt. Unabhängige Studien zeigen aber, dass pro Liter Diesel etwa sieben Kilowattstunden hinzukommen dürften. Das entspricht dem Energiegehalt von 0,7 Liter Diesel. Anders ausgedrückt: Ein vermeintlich sparsamer Diesel, der bei der Fahrt fünf Liter pro 100 Kilometer verbrennt, verbraucht, energetisch betrachtet, in Wahrheit 8,5 Liter.

Wenig erfährt man zudem von der Ölbranche, aus welchen Quellen die graue Energie stammt. Aus fossilen, aus erneuerbaren? Forscher der Technischen Universität Wien versuchen trotzdem, den wahren CO_2-Ausstoß zu beziffern. Sie gehen davon aus, dass ein Dieselauto, angegeben mit 120 Gramm CO_2 pro Kilometer, tatsächlich 140 Gramm verantwortet. Und das ist vorsichtig kalkuliert.

Auch beim E-Antrieb gibt es Graustrom, der ist aber vergleichsweise zu vernachlässigen. Tendenziell wird dieser Antrieb bald noch viel besser abschneiden. Zum Ersten steigt der Grünstromanteil im Stromnetz. Zum Zweiten kommen neue Akku-Generationen auf den Markt, die bei der Herstellung weniger Treibhausgas freisetzen, weil sie kaum mehr wertvolles Lithium und andere aufwendig zu beschaffende Stoffe benötigen; zudem weisen sie eine höhere Energiedichte auf, sparen also Material. Drittens werden sich Akkus fast vollständig recyceln lassen, was den ökologischen Fußabdruck weiter verkleinert.

Und: E-Autos sind im Vergleich mit Verbrennern auf Dauer billiger, wenn man sämtliche Kosten und Vergünstigungen einrechnet, so das Fraunhofer-Institut: in der Mittelklasse nach drei Jahren, bei Kleinwagen nach fünf bis acht Jahren.

72

BLUMENERDE ODER TORF?

Ein Sprichwort sagt: »Die Blumen machen den Garten, nicht der Zaun.« Deshalb wuchten in diesen Wochen wieder Millionen Hobbygärtnerinnen und -gärtner plastiksäckeweise Blumen- und Pflanzerde in ihren Kofferraum, auf dass die Gewächse auf der heimischen Scholle prosperieren. Fast zwei Milliarden Euro geben sie dafür im Jahr aus, Düngemittel und Pflanzenschutz eingerechnet. Auch das ist ein deutsches Bonmot: »Jeder Gärtner wächst mit seinen Pflanzen.«

Was allerdings Freizeitfloristen gern ausblenden: »Natürlich biologisch« ist längst nicht alles, was sie auf Beete und in Pflanzkübel kippen. Fachleute geben zu bedenken, dass die Klimafolgen von fabrikverpackter Erde beträchtlich sein können.

Das liegt besonders am Torf. Handelsübliche Erde besteht bis zu 90 Prozent aus diesem Humus, so das Umweltbundesamt. Um ihn zu gewinnen, legten und legen Torfbauern weltweit Moore trocken. Damit greifen sie schmerzlich tief in die Natur ein, denn jedes dieser Feuchtgebiete hat sich über Jahrtausende durch die Ablagerung organischer Materie entfaltet. Eine Schicht von einem Meter entsteht in rund 1000 Jahren. Ein Zuviel an Wasser entzieht der Biomasse den Sauerstoff, sie wird nicht weiter zersetzt. So gedeiht das Moor zu einem einzigartigen Lebensraum für Pflanzen und Tiere.

Moore schützen das Klima, weil sie den Kohlenstoff binden, der in der Biomasse enthalten ist. Etwa 700 Tonnen sind es pro Hektar, das ist sechsmal so viel wie beim Wald. Mit diesem Schutzeffekt ist Schluss, sobald man die Moore austrocknet. Dann startet der Zersetzungsprozess. Der gespeicherte Kohlenstoff oxidiert an der Luft und gelangt als Kohlendioxid (CO_2) in die Atmosphäre. Das verstärkt den Treibhauseffekt, der für die Erderwärmung verantwortlich ist. Etwa sieben Prozent der deutschen Treibhausgasemissionen sind darauf zurückzuführen, dass in der Vergangenheit Feuchtgebiete trockengelegt und in Ackerland oder Torfstecherareale umgewidmet wurden.

Selbst umweltsensible Garten-Fans verzichten nur ungern auf torflastigen Humus. Denn er speichert hervorragend Wasser und enthält keine Samen unerwünschter Pflanzen. Zudem ist er vergleichsweise preiswert, denn es ist viel aufwendiger, aus Torfersatzstoffen ähnlich beständige Substrate zu entwickeln. Außerdem stehen Ersatzstoffe nicht in ausreichenden Mengen zur Verfügung; zu ihnen zählen Grünkompost, Rindenhumus, Holzfasern, Kokosfasern, Kokosmark, Kokoschips, Bims, Perlite und Blähtonsand. Sie alle müssen bedarfsgerecht dosiert und kombiniert werden, was einen größeren Aufwand in der Herstellung bedeutet.

Dennoch hat sich die Substratindustrie selbst verpflichtet, bei Pflanzerden für den deutschen Hobbygärtnermarkt den Torfanteil bis 2025 auf 50 Prozent und bis 2030 auf 30 Prozent zu reduzieren. Das Umweltbundesamt fordert die Verbraucher schon jetzt auf, auf torffreie Ware umzusteigen. Und schickt eine Warnung mit: Attribute auf den Verpackungen wie »torfarm« oder »torfreduziert« seien irreführend, da sie trotzdem noch 70 Prozent Torf enthalten könnten. Empfehlenswert als Alternative zum Gartencenterprodukt sei Komposterde aus eigener Herstellung, so die Behörde. Guten Rat liefern Portale wie www.oekolandbau.de von der Bundesanstalt für Landwirtschaft und Ernährung.

Vorsicht geboten ist auch bei sogenannter Bioerde. Anders als bei Lebensmitteln ist das »Bio« hier nicht geschützt. Bio heißt zudem nicht torffrei und kann durchaus Kompost aus städtischen Biomüllsammlungen enthalten. Immerhin ist Kunstdünger als Bestandteil verboten. Gütesiegel auf den Beuteln und Säcken helfen, ein tatsächlich torfarmes oder -freies Produkt zu wählen, etwa das der »Bio-Kontrollstelle Grünstempel«. Richtig liegt man auch mit dem »EU-Ecolabel« und dem Siegel der Ökokontrollstelle Ecocert.

73

SUPERFOOD ODER HAUSMANNSKOST?

Der Held meiner Jugend war ein Tankwart in Washington, schüchtern und schwächlich. Doch stets wenn Stanley Beamish ein Mittelchen schluckte, wurde er stark und selbstbewusst, verprügelte Bösewichte und konnte fliegen, wobei er beim Start wie eine Rakete röhrte. Er war der Star der 60er-Jahre-Serie »Immer wenn er Pillen nahm«.

Es ist ein alter Traum: Nur irgendein Zeug einwerfen, und man wird gesünder, fitter, stärker. Kein Strampeln auf dem Heimtrainer, keine Diät, dafür das Richtige essen, und schwups – ein neuer Mensch entsteht.

Mit diesem Versprechen locken die Hersteller von Superfood. Was an dem Food aber tatsächlich super ist, bleibt meistens unklar. Was aus Afrika, Asien und Lateinamerika so alles in unseren Bioläden und Supermärkten ankommt, klingt exotisch: Goji-, Acai-Beeren, Baobab-, Matcha-, Weizengras-Pulver, Quinoa, Hanf. Besonders beliebt und weitverbreitet: Chia-Samen, die Früchte eines blau blühenden Salbei-Verwandten aus Mexiko.

Der weltweite Umsatz sprang binnen fünf Jahren um 550 Prozent auf 1,5 Milliarden Dollar (stand 2022). Das ist viel für

240

die weiß-schwarzen Kügelchen, die wie Mohn aussehen und die man in Müsli, Joghurt oder Smoothies rührt oder in Brotteig mischt, damit sie aufquellen und einen leicht nussigen Geschmack verbreiten.

Chia-Samen gelten als Alleskönner. Den Blutdruck sollen sie senken, das Risiko von Herzinfarkt und Schlaganfall reduzieren, Gelenkschmerzen und Sodbrennen lindern, die Verdauung fördern, für eine gesunde Haut sorgen oder beim Abnehmen helfen. Was für eine Werbeprosa! Aber stimmt sie auch? Die Wundersamen liefern jedenfalls schöne Legenden. Vor 5000 Jahren im heutigen Mexiko als »Gold der Azteken« kultiviert, sollen zwei Löffel davon den Soldaten Kraft für einen Tag gespendet haben, deshalb auch der Name Chia, was auf Aztekisch »Kraft« oder »Stärke« heißt. Die Tarahumara, eine indigene Ethnie aus Mittelamerika, haben sie später in Getränke gerührt, um länger wandern zu können, was der amerikanische Bestsellerautor Christopher McDougall (»Handbuch des Helden«) erfuhr und in die Welt posaunte.

Chia-Samen haben es tatsächlich in sich. Enthalten Protein (20 Prozent), Fett (30 Prozent, viel von den guten Omega-3-Fettsäuren), Kohlehydrate (40 Prozent), dazu Mineral- und Ballaststoffe sowie Vitamine, und viele davon sind Antioxidantien, wirken also entzündungshemmend. Der Nachweis einer Wirkung jedoch beruht auf Tierversuchen, die wenigen Studien mit Menschen belegen keine Vorteile etwa bei Herzerkrankungen.

Dafür gibt es ein paar belegte Nachteile: Mehr als 15 Gramm täglich sollte man nicht essen, da Chia von Natur aus giftige Blausäure enthält. Wechselwirkungen mit Medikamenten sind möglich, etwa bei Blutverdünnern, die Herz- oder

Thrombose-Patienten bekommen. Und es finden sich, wie auch in anderen Superfood-Produkten, oft Rückstände von Pflanzenschutzmitteln und Mineralölen, wie »Öko-Test« 2021 ermittelt hat. Bei drei getesteten Chia-Sorten brillierte nur eine mit »sehr gut«, der Rest erhielt »ausreichend« oder »mangelhaft«. Selbst der Zusatz »Bio« hilft kaum, denn in den Anbauländern – Mexiko, andere Staaten Südamerikas und Australien – greift man bei Chia oft zu Pflanzenschutzmitteln. Kontrolliert wird selten.

Chia-Samen können womöglich etwas Gutes bewirken, aber was genau, wissen wir nicht. Was wir wissen: Sie sind teuer – 8 bis 60 Euro pro Kilo. Sie schädigen die Umwelt wegen giftiger Anbaumethoden und weiter Transportwege aus Übersee.

Dabei gibt es gute Alternativangebote: Leinsaat ist ähnlich inhaltsreich wie Chia, Heidelbeeren und Johannisbeeren enthalten auch Antioxidantien, und Brokkoli soll laut Studien sogar das Krebsrisiko senken. Das heimische Superfood ist billiger, wird schonender und mit geringerem CO_2-Abdruck angebaut. Nur Superkräfte wie bei Stanley Beamish, die verleiht es leider auch nicht.

74

WASCHPULVER ODER TABS?

Persil – da weiß man, was man hat. 1973 schmückte Henkel sein Waschpulver mit diesem Slogan. Ab 1975 charmierte ihn der studierte Landwirt Jan-Gert Hagemeyer, besser bekannt als »der Persil-Mann«, elf Jahre lang ins deutsche Hausfrauenhirn. Er präsentierte das Pulver so rein, als wäre es ein treuer Freund von Mutter Erde. Die Kartonagen trugen die grünen Farben der Natur.

Heute steht eine ganze Armada von Waschmittelerfindungen in den Regalen. Es gibt bei Persil neben Pulver die Megaperls und Power Bars sowie – flüssig – Gele und Discs. Bei anderen Anbietern heißen die Waschdrops Pods (Ariel) oder Power Caps (Spee). Als Verpackung dient – neben Pappe – Kunststoff, mal als Folie, Kiste, Beutel oder Flasche. Die chemische Zutatenliste ist bei allen Produkten lang: Tenside, Wasserenthärter, Waschalkalien, Enzyme, Schmutzträger, Kernseife, Silikone, Duftstoffe, Bleichmittel, optische Aufheller, Konservierungsmittel und manches mehr. Anders gesagt: Da weiß man nicht wirklich, was man hat. Und was die 540 000 Tonnen Waschmittel, die pro Jahr von deutschen Verbrauchern durch die Kanalisation gespült werden, bei Mensch und Natur alles anrichten.

Die neue Vielfalt ist vor allem eines: Marketing. Bei der Waschleistung fand die Stiftung Warentest, die 2023 Buntwaschmittel untersuchte, allerdings heraus: Pulver schlägt flüssig. Ein »Sehr gut« bekam aber niemand.

Aber welches Mittel schont die Natur am meisten?

Ziehen wir eine Ökobilanz für Pulver-und Flüssigwaschmittel. Da sehen Ökoexperten das Pulver vorn. Es ist meist umweltfreundlicher verpackt, dafür lässt sich Flüssigwaschmittel über den Flaschenverschluss besser dosieren. Pulver kommt in der Regel mit weniger Inhaltsstoffen aus. Flüssigwaschmittel benötigt mehr Seife und biologisch abbaubare Tenside, die die Oberflächenspannung des Wassers senken, um besser zu reinigen. Auch sind nicht selten mehr genmanipulierte Enzyme enthalten, die für erfreuliche Waschergebnisse schon bei niedrigen Temperaturen von 20 Grad sorgen. Flüssigwaschmittel braucht zudem Konservierungsstoffe, damit sich keine Mikroorganismen in der Verpackung breitmachen. Pulver dagegen wird Stellmittel wie Natriumsulfat (Glaubersalz, auch als Abführmittel bekannt) beigefügt, damit es rieselfähig bleibt, während es lagert. In XXL-Verpackungen wird das Waschpulver auch gern mit Rieselstoffen gestreckt, um die Marge zu steigern. Das Salz wird in den Kläranlagen nicht herausgefiltert und gelangt in die Gewässer.

Auch andere Ingredienzen sorgen für Probleme bei der Wasserwiederaufbereitung. Etwa Duftstoffe. Wenn sie in Waschmitteln mit mehr als 0,01 Prozent vertreten sind, müssen sie auf der Verpackung erwähnt werden. Viele Düfte tragen komische Namen: polycyclische Moschusverbindungen, Majantol, Cinnamal, Isoeugenol oder Evernia Furfuracea Extract. Nicht gut, wenn sie sich unkontrolliert verbreiten, denn sie können Kontaktallergien auslösen.

Grundsätzlich gilt bei allen Marken: Am umweltfreundlichsten ist jeder Waschgang, der nicht stattfindet. Also Schluss mit Orgien aus kleinen Wäschehäufchen, wo hellrote, dunkelblaue, gelbe und dunkelgrüne Socken jeweils ihren eigenen Waschgang bekommen. Moderne Colorwaschmittel sorgen dafür, dass sich die Farben nicht gegenseitig beeinflussen. Vor allem nicht, wenn nicht zu heiß gewaschen wird. Für normale Wäsche reicht 20 bis 30 Grad Wassertemperatur (Eco-Programm).

In einer Studie der Universität Leeds und des Waschmittelgiganten Procter & Gamble konnte gezeigt werden, dass bei kurzen, kühlen Waschgängen die Farbstoffübertragung um 74 Prozent verringert wurde. Außerdem gelangten rund 50 Prozent weniger schädliche Mikrofasern in das Abwasser. Nur bei stark verschmutzter oder virenbelasteter Kleidung sind 60 Grad oder mehr zu empfehlen.

Übrigens: Der Slogan »Da weiß man, was man hat« ist gar nicht von Persil. VW hat schon 1969 seinen Käfer damit beworben. Der schlichte Wagen war gegenüber den hochkomplex komponierten Waschmitteln ziemlich leicht durchschaubar.

75

FIERE ODER LAMENTIERE?*

Die »Kehrmännchen«, die Mitarbeiter der Kölner Abfallwirtschaftsbetriebe, leisten zur Karnevalssession Schwerstarbeit. 2024 haben sie nach 76 Festumzügen und jecken Veranstaltungen in der Domstadt mehr als 448 Tonnen Abfall in den Straßen eingesammelt und größtenteils in die Verbrennungsanlage geschafft, wo er in Wärme und Klimagase aufging. Tollerei und Nachhaltigkeit vertragen sich offenbar nicht. Bislang jedenfalls.

Fastnacht, Fasching, Karneval – die verrückten Tage stehen für Saus und Braus, die Menschen wollen noch einmal prassen, bevor die 40-tägige Fastenzeit beginnt, so verlangte es früher die Tradition. Heute sind sie meist ein grelles Party-Event, an dem ein Geschäft mit Kostümen, Tand, Süßem, Alkohol und Musik hängt. Bundesweit werden in der Narrenzeit geschätzt mehr als 2,7 Milliarden Euro umgesetzt. Für den Spaß reisen pro Jahr im Schnitt etwa 700 000 Gäste aus dem Ausland an. Angesichts der Klimaprobleme fragen nicht nur Partymuffel: Darf man sich so viel Verschwendung leisten?

Umweltschützer beklagen auch die billigen Polyesterkostüme aus Asien. Deiters, größter deutscher Kostümhändler,

246

kauft rund 90 Prozent der Artikel in China, von der Papp-
nase über die Spielzeugpistole bis zum Lappenclown-Ge-
wand. Welche Ressourcen für den Mummenschanz drauf-
gehen, etwa Erdöl und Gas, hat niemand bislang bilanziert.
Ein Folgeproblem: Recycelt werden die bunten Kunststoffe
fast nie, und beim Waschen gerät oft schädliches Mikroplastik
ins Abwasser.

Experten warnen zudem vor Schadstoffen. Vor Jahren
testeten sie Karnevalsartikel auf Gesundheitsgefahren, die
Folge: Ein Viertel der Produkte mussten vom Markt genommen werden. Das Chemische Untersuchungsamt Stuttgart
fand in sechs untersuchten Kinderkarnevalskostümen den
Stoff PPA (Para-Phenylendiamin), der allergische Hautreak-
tionen auslösen kann; besonders schwarze Stoffe waren be-
troffen. Auch Kunsthaarperücken sind bedenklich. Sie bestehen aus dünnen, eingefärbten Polyesterfäden. Faustregel:
Je dunkler die Farbe, desto giftiger die Inhaltsstoffe. Diese
können sich beim Schwitzen lösen und über die Haut in den
Körper gelangen.

Die Verbraucherzentrale NRW rät davon ab, Karnevalsartikel bei Online-Billigheimern wie Shein und Temu zu ordern.
Nicht nur, weil sie über Tausende Kilometer aus Fernost herbeigeschafft werden müssen, wodurch viel Klimagas freigesetzt wird. Es geht auch hier um Gesundheit. Greenpeace
hat in Kleidung und Schuhen von Shein Stoffe gefunden, die
in Europa verboten sind. Und bei Temu, so die Verbraucherzentrale, sei völlig unbekannt, ob die Produkte den europäischen Gesetzen entsprechen. Der Bund für Umwelt und Naturschutz empfiehlt, beim Verkleiden zunächst im heimischen
Bestand zu wühlen. Findet man dort kein passendes Gewand,
sollte man Ware aus Hanf, Leinen oder Baumwolle erwerben.

Die Kölner Karnevalisten versuchen einiges, um die Umwelt weniger stark zu belasten. Rußpartikelfilter für die alten Traktoren im Rosenmontagszug, Pfandbecher an den Verkaufsbuden, Bioklos am Straßenrand, Wurf-Blumensträuße – »Strüßjer« – ohne Cellophan, Konfettiverbot. Das schafft nur leichte Verbesserungen. Denn die Kamelle, die am Zugweg regnen, sind weiter in Plastik verpackt. Und der Konsum von Bier aus Aludosen nimmt zu, weil diese so praktisch sind. Aluminium, ein wertvolles Metall, kann nur mit extrem hohem Energieaufwand hergestellt werden.

Alle Bedenken werden die Menschen vom Feiern nicht abhalten. Aber das Bewusstsein für den Umweltschutz wächst, beteuern die Vereine. Vielleicht können die Jecken irgendwann einmal aus reinem Herzen den grundrichtigen »Höhner«-Song gröhlen: »Kumm, loss mer fiere, nit lamentiere! Jet Spaß un Freud, dat hät noch keinem Minsch jeschad.«*

---

* Kölsch für: Sollen wir feiern oder uns beklagen?

76

HEIMSAUNA ODER ÖFFENTLICH?

Finnen mögen's heiß: »In der Sauna verraucht der Zorn, und die Galle trocknet ein«, lautet eine Weisheit aus dem Norden. Wer entspannt sein will, sollte zwei- bis dreimal pro Woche alles ausschwitzen, raten erfahrene Saunagänger. Jüngste medizinische Studien legen gar nahe: Saunieren helfe gegen Depressionen. Denn bei Erkrankten sei oft die Thermoregulation gestört, was sich nachhaltig bessere, wenn der Körper auf Hitzereize von außen reagieren müsse.

Die Deutschen liegen in der Europa-Nutzerrangliste auf Platz vier, nach Finnland, den Niederlanden und Schweden. Laut einer Umfrage des IfD Allensbach gehen rund 26 Prozent mindestens ab und zu in eine Sauna oder ein Dampfbad, mehrheitlich Menschen zwischen 30 und 70 Jahren. Viele Saunafreunde lassen sich die eigene Schwitzbude in ihr Haus bauen oder alternativ: Sie stellen sich ein mobiles Schwitzfass auf die Garageneinfahrt.

Doch was für den Körper gut ist, muss nicht unbedingt klimagerecht sein. So eine Sauna verschlingt erhebliche Mengen Energie. Kann man sich reinen Gewissens eine eigene Wärmekabine leisten? Oder sollte man einen der rund 2000 öffentlichen Saunabetriebe nutzen?

Die klassische finnische Sauna wird in der Regel mit Temperaturen von 80 bis 90 Grad betrieben. Dafür muss sie etwa 20 bis 30 Minuten aufheizen. Pro Stunde verschlingt sie sechs bis acht Kilowattstunden Strom. Zum Vergleich: Ein E-Auto fährt mit dieser Menge rund 50 Kilometer weit. Wer den benötigten Strom aus seiner Photovoltaikanlage zieht oder zertifizierten Ökostrom gebucht hat, emittiert zumindest während des Betriebs keine Treibhausgase. Alle anderen gehen ihrem Vergnügen zu rund 45 Prozent mit klimaschädlichem fossilem Strom nach – so hoch ist der Anteil im aktuellen Strommix.

Der Spaß ist nicht billig. Der Energiekonzern EnBW hat ausgerechnet: Wer seine Sauna dreimal pro Woche 90 Minuten nutzt, verbraucht rund 135 Kilowattstunden im Monat. Folge: Die Stromrechnung erhöht sich, bei einem Kilowattstundenpreis von 29 Cent, im Jahr um etwa 470 Euro.

Alternativ zur finnischen Sauna kann man sich in einer Infrarotkabine auf Temperatur bringen lassen. Hier wird nicht die Luft erhitzt, sondern nur die Haut. Es gibt keine Anheizphase. Der Stromverbrauch: winzig. 1,4 bis 2,3 Watt. EnBW taxiert die Energiekosten pro 40-minütigem Infrarotsaunagang auf gerade einmal 24 Cent.

Eine weitere Wahl: das Dampfbad. Dort ist die Temperatur niedrig, dafür die Luftfeuchtigkeit hoch. Bei der Energiebilanz kommt man kaum besser weg als bei der klassischen Sauna, allerdings entfällt auch hier die Anheizzeit. Dafür verbraucht das Dampfbad einige Liter Wasser.

Wer auf die eigene Sauna nicht verzichten will, sollte sie möglichst effizient bauen und nutzen. Experten empfehlen FSC-zertifiziertes Holz, eine perfekte Isolierung (Wandstärke mindestens 55 Millimeter) sowie den Einsatz einer Wärmepumpe.

Einige Modelle können auch Wärme zurückgewinnen. Gut fährt, wer die Anlage häufig mit mehreren Personen nutzt. Ökostrom als Treibstoff ist Ehrensache.

Es ist übrigens keine simple Lösung, auf größere öffentliche Saunen auszuweichen, um klimagerecht zu schwitzen. Kürzlich machte die Schließung der Sauna im Hallenbad der rheinischen Stadt Meckenheim Schlagzeilen. Die Verwaltung argumentierte, sie habe 2022 Kosten von insgesamt 316 000 Euro verursacht. Hochgerechnet aufs Jahr fielen dabei gut elf Kilowattstunden Strom pro Saunagast an. Das ist sogar etwas mehr als bei der oben beschriebenen Heimsauna.

77

GOLDSCHMUCK ODER IMITAT?

Gold ist beliebt, hat aber kaum einen praktischen Nutzen. Mancher Zahnarzt fertigt noch Brücken und Kronen aus Goldlegierungen; auch die Industrie verbaut Gold in kleinen Mengen, etwa in Smartphones. Doch meist wird Gold als Wertanlage oder als Schmuck genutzt. Es hat einen subjektiven Wert, den wir Menschen ihm zuschreiben. Und die Ökobilanz des Edelmetalls? Sie ist, kurz gesagt, katastrophal.

Die Probleme beginnen dort, wo es gewonnen wird. Global sind schätzungsweise 150 Millionen Menschen direkt von Gold abhängig, viele arbeiten in Unternehmen oder als Selbstständige dafür, meist in Schwellen- und Entwicklungsländern. Einzelne Digger schürfen eigenverantwortlich in Flüssen oder Minen, ohne Schutzmaßnahmen. Damit sie fündig werden können, versorgen Zwischenhändler sie mit Quecksilber, das sich beim Waschen an das Gold haftet und den wertvollen Stoff von wertlosem Geröll trennt. Beim späteren Verbrennen des Gold-Quecksilber-Amalgams atmen die Schürfer Dämpfe ein, die extrem giftig sind; bis zu 19 Millionen von ihnen leiden unter Schäden vor allem an Zentralnervensystem und Nieren. Mehr als 100 Länder wollen den

Einsatz des flüssigen Schwermetalls unterbinden, bislang mit wenig Erfolg.

Beim Schürfen kommen weitere Stoffe zum Einsatz, etwa Zyanid, Kupfer, Blei, Zink und Kadmium. Diese werden oft nicht fachgerecht entsorgt, reichern sich in Böden an oder landen in Seen, in denen Anwohner fischen. Auch wird viel Wasser verbraucht, pro Kilogramm Gold sind es im Durchschnitt 265 000 Liter. Für dieselbe Ausbeute müssen zudem 1000 Tonnen Erde abgegraben werden, was der Fruchtbarkeit der Böden schadet und die Erosion beschleunigt.

Auch zum Klimawandel trägt die Gewinnung bei. Einerseits durch abgeholzte Wälder – sieben Prozent der Entwaldungen in Entwicklungsländern gehen darauf zurück. Andererseits durch einen zunehmenden Ausstoß von Treibhausgasen. Verursachte jedes Kilo Gold zwischen 1991 und 2006 Emissionen von knapp zwölf Tonnen CO_2-Äquivalenten, waren es 2019 bereits 29 Tonnen. Der Grund: Das Material ist mit der Zeit noch rarer geworden und wird deshalb mit noch größerem Aufwand gewonnen.

Auch der Handel mit Gold ist intransparent. Das Metall wird zum Teil auf illegalen Wegen über Landesgrenzen gebracht, oft nach Dubai, zu einem der internationalen Drehkreuze, wo die Kontrollen lax sind und es im Handgepäck durchgeht. Dort wird es mit Gold aus anderen Quellen vermischt und exportiert, bis es bei Goldschmieden in Deutschland ankommt. Aus welcher Mine ihr Material stammt und unter welchen Bedingungen es produziert wurde, können die Händler selten angeben. Kunden, die sich dafür interessieren, sind in konventionellen Geschäften schlecht beraten. Das gilt auch für recyceltes Gold. Zwar ist dessen CO_2- und Wasserbilanz besser, weil es nicht neu aus dem Boden geholt werden muss. Aber seine Herkunft bleibt genauso unklar.

Wer Antworten sucht, sollte beim Schmuckkauf auf Zertifikate achten. Es gibt den Standard des Responsible Jewellery Council (RJC), den besonders die Industrie nutzt, und es gibt die strengeren Kriterien von Nichtregierungsorganisationen wie Fairtrade und Fairmined. Letztere verlangen höhere Preise als herkömmliche Anbieter. Dafür helfen sie kleinen und mittelständischen Minenbetreibern mit diesen Mehreinnahmen bei der Umstellung auf eine ökologisch korrekte und faire Produktion, zu der auch ein Krankengeld für die Arbeiter und Investitionen in die Gemeinschaft gehören können.

Solche Sozialleistungen für Mitarbeiter sind im Kleinbergbau die Ausnahme. Und damit nur ein kleiner Lichtblick in dem dreckigen Geschäft.